I0820613

UNA MEMORIA EXTREMA

GROU

Papel certificado por el Forest Stewardship Council®

FSC
www.fsc.org
MIXTO
Papel | Apoyando la silvicultura responsable
FSC® C117695

Primera edición: septiembre de 2025
Primera reimpresión: septiembre de 2025

Travessera de Gràcia, 47-49. 08021 Barcelona

Printed in Spain – Impreso en España

ISBN: 979-13-87724-02-3
Depósito legal: B-12.068-2025

Compuesto por Miguel Ángel Mazón Studio
Impreso en Black Print CPI Ibérica
Sant Andreu de la Barca (Barcelona)

GT 24023

PAULA GONZÁLEZ
SARA GONZÁLEZ
@memoriaextrema

UNA MEMORIA EXTREMA

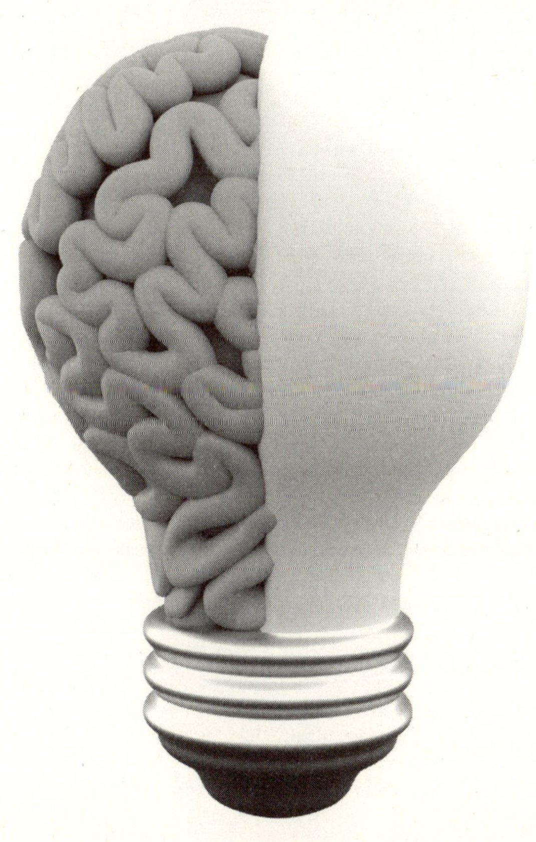

GROU

ÍNDICE

INTRODUCCIÓN

Este libro que te presento es para mí una gran ilusión, no te puedo mentir. Lo he escrito con la satisfacción genuina que me produce ayudar a miles de opositores y estudiantes que están en tu misma situación.

Cada día recibo muchos mensajes en las redes sociales de cientos de personas que, como tú, se enfrentan al gran reto vital que supone opositar. Un reto que, te puedo asegurar, no será solo formativo, sino profundamente personal: atravesarás una y mil emociones que quizá jamás hayas experimentado.

Pero para esto, precisamente, estoy aquí. **Este libro no solo trata sobre técnicas de estudio, memoria y planificación. Será tu compañero, una guía que te tome de la mano y te acompañe en este desafiante proceso que supone opositar.**

Si algo he aprendido en todos estos años de experiencia enseñando y acompañando a tantos alumnos es **la enorme habilidad que tienen todas las personas para aprender.**

De verdad, no importa tu género, edad o circunstancias vitales para adaptarte a nuevas técnicas o formas de aprender y estudiar que jamás habías visto; nuestra mente posee una plasticidad y una capacidad de adaptación al aprendizaje realmente asombrosas.

Uno de los objetivos de este libro es que olvides todos los pensamientos limitantes que te impiden avanzar y cumplir tus objetivos. Pensamientos como que con tu edad no puedes adaptarte a nuevos retos y desafíos mentales o que no puedes cambiar la forma en la que estudias son tu peor enemigo; pero no te preocupes, estoy aquí para ayudarte a despejarlos y erradicarlos definitivamente.

Quiero que se te grabe a fuego algo muy importante: Una de las cosas más bonitas de la vida es que nunca, pero nunca, es tarde para aprender.

En los próximos capítulos voy a compartir contigo, de forma práctica y sencilla, mis conocimientos, para que puedas ir implementándolos dentro de la estrategia general que tan buenos resultados me ha dado y conseguir, así, todo lo que te propongas, ya sea aprobar la oposición o disparar tus resultados en el campo académico.

¿Qué te encontrarás en este libro?

Para empezar, te contaré quién soy para que me conozcas. Después te explicaré cómo funciona el sistema de oposiciones español y las oposiciones que yo recomiendo. Además, te señalaré los errores que no querrás cometer. Por otro lado, abordaré todo lo relacionado con el sistema de memoria y planificación imprescindible para tu estudio: las cuestiones previas necesarias, la organización inicial, los pasos clave para memorizar —profundizando en cada uno de ellos—, la planificación como base de una memoria a largo plazo, y los no menos importantes aspectos relacionados con la gestión emocional.

Por encima de todo, **quiero que tengas claro que no te voy a enseñar técnicas milagro**; no te voy a decir cosas como que con estudiar media hora cada día es suficiente ni que con nuestro método no hace falta repasar.

Todo esto suena muy bien, y ojalá fuera verdad, pero, *spoiler*: no lo es.

Hace falta organización, voluntad, esfuerzo, técnicas efectivas y repaso, como también un equilibrio emocional. Con esta guía de estudio, verás que no es tan difícil de conseguir como parece.

Te recomiendo que leas este libro en el orden propuesto, ya que cada capítulo está pensado como una llave que te permitirá comprender lo que se enseña en el siguiente.

Estoy muy, pero que muy emocionada con la idea de poder ayudarte. Y espero de corazón que disfrutes el proceso con tanta ilusión como la que yo he puesto para prepararlo.

Ojalá te ayude a estudiar con más claridad y confianza, y también a vivir con un poco más de calma y sentido en el increíble proyecto vital que implica opositar. **Sé mejor que nadie que eres capaz de conseguirlo.**

¡Vamos allá!

TU MEMORIA EXTREMA Y TÚ

1

QUIÉN SOY Y DE DÓNDE VIENE MEMORIA EXTREMA: UNA HISTORIA DE SUPERACIÓN

MI VIDA HA ESTADO MARCADA POR LA MEMORIA. Es así, y no puedo negarlo. Lo que podría parecer algo banal ha atravesado cada etapa de mi vida, dando forma —casi sin darme cuenta— a lo que hoy es mi método de estudio.

DESDE NIÑA FUI INQUIETA, IMAGINATIVA Y CURIOSA. Ya en mi infancia jugaba con símbolos y formas, construyendo sin saberlo los primeros cimientos del sistema de memorización que más adelante aplicaría a grandes temarios. Sin embargo, el sistema educativo español —y sé que muchos de vosotros estaréis de acuerdo conmigo— no siempre sabe cómo canalizar a estudiantes con esta efervescencia. A veces incluso los ahoga, atrapándolos en **ESTRUCTURAS RÍGIDAS MÁS PROPIAS DEL SIGLO XIX QUE DEL XXI.**

Así que, para que nos entendamos, me aburría como una mona en clase; lo recuerdo con total nitidez. Tal vez a ti te pasó lo mismo y tampoco lo has olvidado: esa hilera interminable de días clonados, sentados en el pupitre, mientras la profe luchaba por dar vida a un modelo expositivo que aburría y desesperaba a partes iguales hasta a la mente más inquieta y despierta. Todo un festival del bostezo.

MUCHAS VECES LO HE REFLEXIONADO: ¿Dónde queda reflejado en el sistema educativo ese instinto natural que todo niño necesita canalizar? **EL DE LA CURIOSIDAD, EL JUEGO, LA IMAGINACIÓN DESBORDANTE... ESE QUE, INCLUSO DE ADULTOS, REZAMOS POR NO PERDER.** Pues, según mi experiencia, brilla por su ausencia.

Y, SIN EMBARGO, NO ME DESALENTÉ. Aquella cabecita inquieta logró intuir una vía alternativa para escapar de esa enseñanza gris, basada en la exposición pura y la repetición sin alma. Sí, tenía que seguir el sistema, claro. Pero lo adapté a mi mundo: un mundo donde hasta la teoría más aburrida podía convertirse en una historia fascinante, con personajes, tramas y desafíos que invitaban al juego. Así nació —aunque entonces no lo sabía— la base de lo que hoy es mi método de memoria literal: la película.

La fascinación, la curiosidad y la imaginación deberían ser siempre la esencia del aprendizaje.

Todavía recuerdo esas mañanas heladas y grises de invierno en la Castilla donde crecí. Mi mente volando por mundos infinitamente más emocionantes que los libros que tenía delante… hasta que doña Gloria (sí, en esa época todavía se trataba a los profes con «don» o «doña») me devolvía a la Tierra con un: «¡Paula, por favor! ¡Presta atención! Eres muy muy despistada… Como sigas así, no vas a pasar de curso».

Los pronósticos de doña Gloria no se cumplieron. **AQUELLOS «DESPISTES» NO ERAN OTRA COSA QUE MI FORMA DE TRANSFORMAR**

LAS LECCIONES EN HISTORIAS VISUALES, LLENAS DE COLOR, QUE SE QUEDABAN GRABADAS EN MI MEMORIA INFANTIL Y QUE FUNCIONABAN A LA PERFECCIÓN. En cada evaluación, los sobresalientes llegaban, dejando desconcertados a quienes no entendían que existen otras formas de aprender, más allá de la repetición.

La adolescencia me trajo sus propios desafíos. Como muchos, pasé por etapas complicadas, y no faltó el profesor que confundió un bache vital con una condena académica. Aun así, gracias a las técnicas que había creado, logré sacar adelante un expediente sobresaliente.

Necesitamos docentes que, además de saber de su materia, comprendan al alumno. Que tengan empatía, porque cuando el sistema ignora al que no encaja, no solo lo aparta... también pone en riesgo lo más valioso que existe: su autoestima.

Una vez superada la etapa del instituto, llegó la universidad: la carrera de Derecho. Allí volví a aplicar mis técnicas de memoria visual de alto impacto. Lo que para muchos eran leyes grises y monótonas, para mí se transformaban en historias tan vívidas que, con un poco de imaginación, podrían haber emocionado al mismísimo Spielberg.

Gracias a eso, obtuve un expediente sobresaliente que me sirvió de base para lo que vendría después: la oposición. Y tras acabar la carrera y trabajar un tiempo en el sector privado, decidí enfocar mi futuro hacia lo público. **NO ELEGÍ CUALQUIER OPOSICIÓN, SINO UNA DE LAS MÁS DURAS DEL PAÍS: LA TEMIDA OPOSICIÓN A JUDICATURAS.**

Aquí hago un pequeño paréntesis para situarte. Cuando mi hermana Sara y yo terminamos la carrera, España atravesaba una grave crisis económica que derivó en un mercado laboral colapsado (la famosa crisis del 2008). **PARA MUCHAS, COMO NOSOTRAS, OPOSITAR FUE UNA APUESTA POR LA ESTABILIDAD.** Pero ni siquiera el mundo de las oposiciones se salvó. Vivimos una de las épocas con peor oferta de plazas: convocatorias congeladas, procesos selectivos mínimos y miles de aspirantes compitiendo por una exigua cantidad de plazas. La tensión se palpaba literalmente en el ambiente.

¿Por qué Judicaturas y no otra oposición? Me gustaría decir que fue por vocación, que siempre soñé con ser jueza. Sería bonito, sí, y probablemente lo que esperas leer. Pero la verdad es que no fue así.

Creo que, en el fondo, mis motivos fueron más terrenales, y no me cuesta admitirlo:

Quería demostrarme que podía, que mi mente estaba a la altura del reto.

Empecé con motivación, con estrategia, con las técnicas que me habían funcionado en la universidad, adaptadas ahora a esa maratón llamada oposición. **Y, POCO A POCO, LOS RESULTADOS LLEGARON.**

> **Sentía que la meta estaba cerca, casi al alcance de la mano. Pero, aun con todo afinado, pasé por alto algo fundamental, sin lo cual nada se sostiene: la gestión emocional.**

Siempre digo a todos mis seguidores de Memoria Extrema que en el camino de la oposición hay tres pilares fundamentales técnicos: entrenar la memoria literal y visual, consolidar bien el conocimiento a través del sellado, y mantener una planificación de avances y repasos a largo plazo, precisa y estratégica.

Pero ¿qué pasa con el cuarto pilar? La gestión emocional, la gran olvidada en las oposiciones, es, sin lugar a dudas, ese **PILAR DETERMINANTE QUE PUEDE MARCAR LA DIFERENCIA, YA QUE, A LARGO PLAZO, GUÍA HACIA LA VICTORIA A UN OPOSITOR O DETERMINA SU CAÍDA.**

Este pequeño gran detalle fue el que no tuve en cuenta y al que no le di la suficiente importancia en mi estrategia previa. **SI TODA MI VIDA HABÍA ESTUDIADO PERFECTAMENTE, SIN NINGÚN TIPO DE DEBILIDAD, ¿POR QUÉ AHORA ERA DIFERENTE?**

En mi caso, he entendido el valor de la gestión emocional por mi experiencia con la ansiedad, que marcó mi proceso de manera determinante. La ansiedad te consume por dentro, sin matices. Es una experiencia que nubla cualquier logro, que empaña la realidad y te arrastra hacia el abismo sin previo aviso. Yo la viví de una forma que nadie debería atravesar, y cuanto más avanzaba en la oposición, más fuerte era.

Seré completamente sincera —y si alguna vez la has sentido, sabrás de qué hablo—, lo que tuve que enfrentar superó con creces cualquier descripción, por exagerada que parezca. Sé que todavía hay ciertos prejuicios cuando se habla de salud emocional, pero es precisamente por esto por lo que creo necesario ponerlo aún más si cabe sobre la mesa. Me traté con ayuda profesional, y no fue suficiente. Me mediqué, y tampoco. Aumentamos la dosis, y nada cambiaba. La ansiedad tenía una fuerza brutal, un hambre invisible que lo arrasaba todo y que era implacable. Aun así, en poco más de un año y medio, logré presentarme a la oposición de Judicaturas. Se ofertaban cincuenta plazas. Éramos unas cinco mil personas, la mayoría con expedientes académicos brillantes, todos allí con un mismo objetivo: la plaza.

En poquísimo tiempo, dada la dureza de la oposición, logré lo equivalente a un 8,73 en el primer examen tipo test y un 7 en el oral ante el tribunal del Tribunal Supremo (los exámenes orales de Judicaturas merecen un capítulo aparte, y quien los haya hecho sabe de lo que hablo). **PERO CUANDO YA CASI TOCABA LA PLAZA CON LOS DEDOS, LA ANSIEDAD QUE ARRASTRABA, Y QUE ME HABÍA LLEVADO A COMETER ERRORES QUE JAMÁS REPETIRÍA, DIJO «HASTA AQUÍ».** Por prescripción médica y una prohibición tajante, no podía presentarme al tercer examen. Y tras ello, decidí y sentí que tenía que dejar la oposición.

No te voy a mentir ni te lo voy a disfrazar: fue extremadamente duro y frustrante porque nunca había fallado académicamente; pero esa crisis de salud mental había convertido todo mi esfuerzo y sacrificio en nada. De repente, lo perdí todo.

LO QUE NO SABÍA ES QUE, A RAÍZ DE ESTA CRISIS EMOCIONAL Y VITAL, DESCUBRIRÍA MI VERDADERA VOCACIÓN.

Decidí encauzar todo lo aprendido para enfocarlo en lo que siempre ha sido mi verdadera pasión vital: ayudar a los demás. Precisamente de esta vocación de ayuda surgió **MEMORIA EXTREMA**, un curso diseñado para apoyar a personas como tú en todas las fases de la oposición, con métodos perfeccionados a lo largo de mi propia experiencia y la de mi hermana.

Nunca estaré lo suficientemente agradecida a todos aquellos alumnos que confiaron en mí cuando apenas nadie me conocía, con los que me dejé la piel y conseguimos juntos la consecución de su meta: el ansiado aprobado, la seguridad laboral en un mundo de cambios y, en definitiva, el sueño cumplido.

Tanto los primeros alumnos como los más recientes

SON MEMORIA EXTREMA

Y tú también, por supuesto, puedes serlo.

2

POR QUÉ ESTE LIBRO ES PARA TI

Antes de empezar, te contaré a quién va dirigido este libro y por qué es la guía definitiva ideal para revolucionar tus resultados y descubrir una forma diferente y más efectiva de aprender. No importa tu edad, nivel o etapa formativa: si quieres transformar tu manera de estudiar, aquí encontrarás las herramientas para lograrlo.

¿A QUIÉN VA DIRIGIDO ESTE LIBRO?

Aunque estas técnicas nacieron con un enfoque claro en opositores —por la dificultad de retener temarios enormes durante años y llegar al examen con todo fresco—, pronto descubrí que también funcionan de forma sorprendente en otros niveles.

Universitarios, estudiantes de bachillerato y de grados formativos han logrado mejorar su rendimiento aplicando este método y muchos me han dicho que, si lo hubieran conocido antes, hubieran estudiado mejor y se hubiesen desgastado menos.

Así que, **TANTO SI TE ENFRENTAS A UNA OPOSICIÓN COMO SI ESTÁS EN LA UNIVERSIDAD O EN OTRA ETAPA FORMATIVA, AQUÍ ENCONTRARÁS HERRAMIENTAS QUE TE AYUDARÁN A ESTUDIAR DE FORMA MÁS EFI-**

CIENTE, ESTRATÉGICA Y SOSTENIBLE SEAN CUALES SEAN TUS CIRCUNSTANCIAS Y TUS HORARIOS.

Paula, ¿la edad importa?

Una de las afirmaciones que más me molesta oír de las muchísimas personas que me escriben por redes sociales es: «Paula, me gustaría opositar, pero ya tengo cuarenta y ocho años y llevo mucho tiempo sin tocar un libro…, no sé si ya es demasiado tarde para mí».

Soy tajante en este tema: nunca es tarde para estudiar y no admito discusión.

El cerebro, exactamente como cualquier otro músculo de nuestro cuerpo, se puede transformar, y la memoria, en concreto, es una habilidad que se entrena. Que no te dé miedo no haber tocado un libro desde hace tiempo, porque, debes saber que he trabajado con alumnos y alumnas de todas las edades, desde niños de diez años hasta personas de más de cincuenta, y todos han podido adaptarse al método sin problema.

¿Me va a funcionar el método Memoria Extrema si no quiero opositar a oposiciones de contenido jurídico?

Las técnicas que comparto funcionan perfectamente con oposiciones de contenido jurídico, de eso no hay duda. Al fin y al cabo, ¿qué mejor reto para un método de memoria literal que aprender artículos completos palabra por palabra? Desde la conocida Constitución Española hasta leyes mucho más específicas, todas han pasado por la memoria de mis alumnos memorizadas con total literalidad.

Pero no te confundas: este método no está limitado a materias jurídicas. Al contrario, es **APLICABLE A CUALQUIER TIPO DE CONTENIDO.** Por aquí han pasado opositores y estudiantes de especialidades tan distintas como medicina, economía, biología, ingeniería, arquitectura, magisterio, educación infantil… incluso profesoras de secundaria de física, química y matemáticas. Y sí, también materias en otros idiomas.

Todos han tenido algo en común: **EL MÉTODO HA TRANSFORMADO POR COMPLETO SU FORMA DE ESTUDIAR Y MEMORIZAR**. Porque la memoria funciona con imágenes, y para ella no hay barreras lingüísticas ni temáticas: todo puede convertirse en un sistema simbólico, visual y altamente eficaz.

EN DEFINITIVA, ESTE LIBRO ES PARA TI SI:

- Estás **EMPEZANDO A ESTUDIAR TU OPOSICIÓN**, hace mucho tiempo que no estudias y sientes que no tienes ni la más remota idea de por dónde empezar.
- **PROCRASTINAS**, te autosaboteas y **NO TIENES UN MÉTODO DETALLADO** que te guíe para conseguir tu meta.
- **LLEVAS VARIOS AÑOS ESTUDIANDO**, probando suerte en academias, picoteando de aquí y de allá con métodos y tips que ves en internet, **PERO NO CONSIGUES APROBAR TU OPOSICIÓN**.

- Estás cursando **UNA CARRERA UNIVERSITARIA JURÍDICA, DE CIENCIAS, EDUCACIÓN O TÉCNICA**, y no sabes cómo abordar la memorización de todo el temario para obtener la excelencia académica.
- Estás finalizando una carrera universitaria jurídica, de ciencias, educación o técnica y **TIENES CLARO QUÉ QUIERES PLANTEARTE OPOSITAR PARA CONSEGUIR UNA PLAZA** como funcionario.
- Si eres **PADRE O MADRE, O PROFESOR** y quieres **ENSEÑAR TÉCNICAS DE ESTUDIO** a tus hijos para que aprendan más y mejor.
- Si eres una persona interesada en **SEGUIR APRENDIENDO** y que tu conocimiento vaya creciendo a lo largo de los años.

En cualquier caso, en todo tipo de aprendizaje lo más importante es poner en práctica lo aprendido. Por eso **TE VOY A REGALAR DE FORMA GRATUITA ESTE *WORKBOOK*:** *Diario del estudiante*, un cuaderno de ejercicios en el que vas a plasmar las técnicas que te enseño a partir del siguiente capítulo hasta el final del libro.

En él vas a encontrar un ejercicio para analizar tu situación actual y que sea tu punto de partida, una guía práctica de los diferentes métodos de memoria, un planificador de varios meses para registrar los avances y repasos de tu oposición o carrera, un planificador del día a día para ser productivo ¡y mucho más!

Escanea este código QR para descargarte el material extra.

¿POR QUÉ ESTE MÉTODO Y NO OTRO?

Te voy a precisar, una a una, las razones por las que este método es diferente a los demás:

1) Porque hasta ahora, seguro que has intentado memorizar leyendo y «comprendiendo». ¿Te suena? Y ojo, no me malinterpretes: comprender es fundamental, es la base de cualquier buena memorización. De hecho, es el primer paso sobre el que construiremos todas las técnicas de fijación que verás en este método. **PERO ES IMPORTANTE NO CONFUNDIR COMPRENSIÓN CON RETENCIÓN**, porque son dos fases distintas.

Comprender te da los cimientos, sí, pero igual que una casa no está construida solo por tener una buena base, el conocimiento tampoco se consolida solo por entenderlo. **PARA QUE REALMENTE SE QUEDE EN TU MEMORIA A LARGO PLAZO, NECESITAS APLICAR TÉCNICAS ESPECÍFICAS QUE SELLEN Y REFUERCEN ESA COMPRENSIÓN.** Solo así lograrás resultados duraderos y sólidos.

2) Porque también, seguramente, **LA FORMA EN QUE HAS ESTADO ESTUDIANDO HASTA AHORA ES PLANA.** Probablemente no vaya muy desencaminada si intuyo que hasta ahora has creído que, además de leer una y otra vez, una buena forma de memorizar es **SUBRAYAR CON VARIOS COLORES**. Lo sabemos bien, porque muchas de nuestras alumnas y alumnos venían de ese mismo enfoque. Pero permíteme desmentirlo tajantemente: subrayar los títulos en verde, los subtítulos en morado y las fechas en el mismo color no se puede considerar un método de memoria visual.

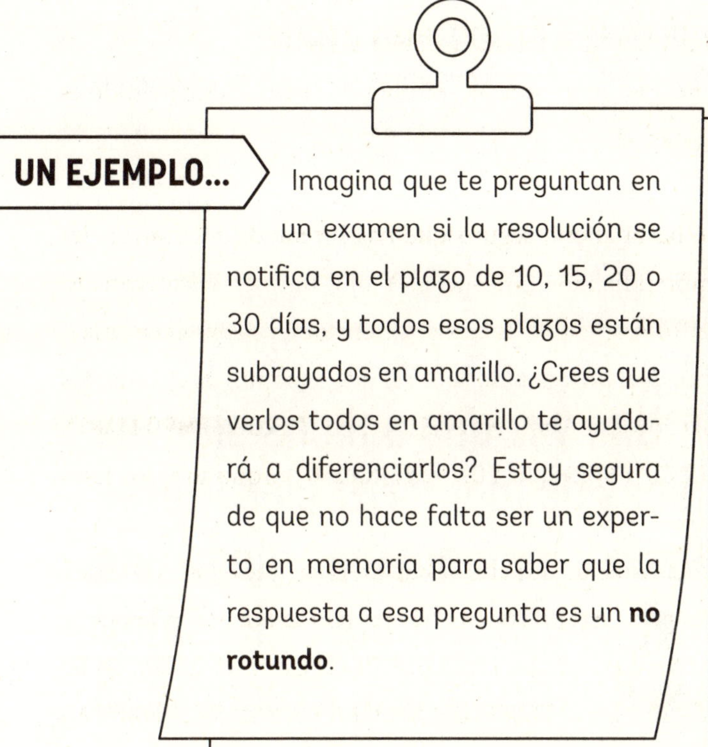

3) Además, con este método **VAS A PODER CAMBIAR UNOS HÁBITOS DE ESTUDIO PASIVOS Y ABURRIDOS POR TÉCNICAS PROACTIVAS Y DIVERTIDAS.** No hay peor enemigo para la retención memorística que el acto pasivo de recibir conocimiento sin estar implicado proactivamente en el proceso de construcción de tu memorización. No es lo mismo leer pasivamente, por muy concentrado que estés, que implicarte activamente en la memorización con simbología, asociaciones potentes o incluso creando películas mentales divertidas y absurdas. Al crear activamente lo que memorizas, el proceso en sí ya te ayuda a recordar. Solo necesitas fijarlo bien, como quien pone la última capa de cemento.

4) Y, por último y no por ello menos importante, **VA A CAMBIAR POR COMPLETO TU VISIÓN DEL APRENDIZAJE Y LA MEMORIZACIÓN.** Si hasta ahora has estudiado sin la certeza de que llegarás al examen con todo bien aprendido, es que tu método no ha sido eficaz: no hay sensación más frustrante que la de estudiar sin avanzar, como Penélope en la *Odisea*, tejiendo y destejiendo sin fin. Pero ¿sabes qué? Tú no eres Penélope y esto no es un mito.

> **Una vez que aplicas bien las técnicas de memorización literal, de sellado y planificación, llega una certeza que lo cambia todo: saber que vas a afrontar al examen con los conocimientos bien fijados. Y esa certeza es felicidad.**

3

ERRORES QUE NO DEBES COMETER AL OPOSITAR

Te soy sincera: yo, por supuesto, **COMETÍ ERRORES DURANTE LA OPOSICIÓN.** Pero precisamente por ello, porque en ocasiones en la vida se aprende tanto o más de los errores que de los aciertos, quiero darte todas las claves para que tú no los cometas.

Si estás empezando a opositar, seguro que te ametrallan por aquí y por allá un sinfín de cosas **QUE DEBERÍAS HACER:** que si estudiar rápido los temas para empezar la siguiente vuelta cuanto antes, que lo más importante es comprender bien el tema, que te lo expliquen bien porque con eso ya tienes la mitad del esfuerzo resuelto, o que la mejor hora para estudiar es por la mañana, cuando tienes las pilas más cargadas...

PERO SI HAY ALGO TAN IMPORTANTE COMO SABER QUÉ HACER, ES TENER CLARO QUÉ NO DEBES HACER BAJO NINGÚN CONCEPTO AL OPOSITAR.

Aunque el dicho popular afirma que de los errores se aprende, quiero que no sea tu caso y que empieces sabiendo exactamente qué conducta, actitud o proceso evitar en el arduo camino de opositar.

EN GENERAL, HAY CUATRO TIPOS DE ERRORES: al elegir la oposición, los que tienen que ver con el temario, los que yo llamo técnicos y los de carácter personal.

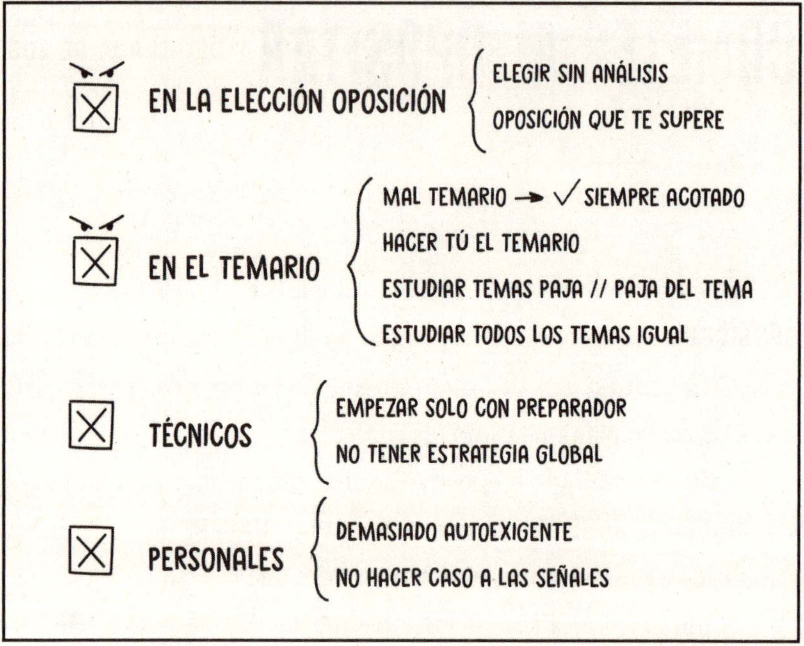

1. ERRORES EN LA ELECCIÓN DE LA OPOSICIÓN

Hay muchos errores posibles al elegir una oposición. Deja que te cuente los más frecuentes para que puedas evitarlos desde ya.

Elegir una oposición sin hacer un análisis estratégico previo

Este error es muy común entre los opositores. Muchos eligen una oposición que, a largo plazo, resulta ser una opción equivocada. Esto suele ocurrir porque no han investigado bien todas las alternativas disponibles y porque, a menudo, es difícil encontrar asesoramiento que ofrezca una perspectiva global y analítica. La mayoría de las veces, la decisión tomada se basa en una búsqueda general por internet y en consultar a academias o preparadores de una oposición específica.

Por eso es clave **TENER UNA VISIÓN CLARA Y DETALLADA DE LOS ASPECTOS MÁS IMPORTANTES A CONSIDERAR AL ELEGIR LA OPOSICIÓN MÁS ADECUADA PARA TI.** Precisamente por ello hemos incluido el capítulo 20 de este libro, el cual te permitirá analizar las opciones hasta el último detalle y tomar la decisión correcta.

Elegir una oposición que te supere emocionalmente

Este análisis tiene que ser extremadamente preciso y tener en cuenta el esfuerzo que tu decisión va a suponerte. El sistema de oposiciones español incluye el grupo A, y dentro de él, el subgrupo A1, que es el que voy a abordar específicamente. Las oposiciones en el grupo A1 son conocidas por ser especialmente duras por varias razones:

PROCESOS INTERMINABLES: Ejemplos como Judicaturas, que pueden durar más de un año.

TEMARIO EXTENSO: Algunas oposiciones superan los 350 temas y 3.500 páginas, como las de carrera Judicial y Fiscal o Abogacía del Estado.

EXÁMENES ORALES: Los tribunales exigen un nivel altísimo de precisión y literalidad en la exposición de los temas.

No quiero desalentar a quienes sueñan con ser juez o fiscal, ¡faltaría más!, pero debes saber que **EL MAYOR DESAFÍO NO ES SOLO EL TEMARIO O LA DIFICULTAD TÉCNICA, SINO LA PARTE EMOCIONAL Y PSICOLÓGICA.**

A pesar de llevar una estrategia perfecta, el aspecto emocional puede ser el factor determinante que te lleve al éxito o te aboque al fracaso.

2. ERRORES EN EL TEMARIO

Estos son los errores más frecuentes al elegir un temario:

Elegir un mal temario

Tras años de experiencia con miles de opositores, he comprobado que, en una misma oposición, la diferencia entre un temario y otro puede ser de hasta 1.000 páginas (increíble, pero cierto).

Sin poner en duda el criterio de las academias o profesionales que elaboran temarios tan extensos, siempre abogo por la respuesta más funcional: **EL TEMARIO IDEAL ES AQUEL QUE ESTÁ ACOTADO Y TE PERMITE ESTUDIAR EXACTAMENTE LO NECESARIO PARA CONSEGUIR LA PLAZA QUE TANTO DESEAS.**

Hacer tu propio temario

Este punto puede resultar controvertido, pero lo diré claramente: **EN UNA OPOSICIÓN LO QUE HAY QUE HACER ES MEMORIZAR. PUNTO. TODO LO QUE NO SEA ESO, ES MALGASTAR TU TIEMPO.**

EN LAS OPOSICIONES JURÍDICAS NO HAY DISCUSIÓN POSIBLE. Pero incluso en otras, como las de educación, donde se valora la «originalidad» del temario en los exámenes, hay quienes pierden meses —incluso un año entero— elaborando su propio temario, cuando por experiencia con nuestras alumnas y alumnos, los que se dedicaron a estudiar un temario ya previamente confeccionado aprobaron con nuestros métodos a la primera en ese tiempo que otros dedicaron a elaborarlo.

Créeme: **EN GENERAL, LO IMPORTANTE NO ES CREAR, SINO MEMORIZAR LO NECESARIO PARA PASAR EL EXAMEN.**

> *"Prefiero un temario notable, sabido de sobresaliente, que un temario sobresaliente, sabido de notable".*

Estudiar innecesariamente: temas paja y paja en el temario

Un error muy común entre opositores es estudiar a fondo temas extremadamente teóricos o genéricos a los que denomino «**TEMAS PAJA**». En muchas oposiciones, tienen poca probabilidad de aparecer en un test y por eso recomiendo, o bien no estudiarlos, o dejarlos para el final si vas bien de tiempo.

Por otra parte, los **TEMAS A MENUDO INCLUYEN LO QUE COMÚNMENTE LLAMAMOS «PAJA»**: ejemplos innecesarios, repeticiones, esquemas o contenido que no es objeto de pregunta. En oposiciones jurídicas, especialmente con exámenes tipo test, esta información debe eliminarse por completo de tu temario para no perder tiempo, que es valiosísimo para los opositores.

Estudiar todos los temas como si tuvieran la misma importancia

Es algo muy habitual del opositor inexperto que estudie los temas en el orden establecido:

¡ERROR!

El orden tradicional del temario no suele coincidir con el orden realmente importante: el de relevancia de cada tema. Salvo en oposiciones como las de educación, donde todos los temas pesan igual, en la mayoría hay temas más preguntados que otros.

Si estudias sin estrategia, puede que no llegues a todo y que los temas que sepas no te resulten los más útiles para aprobar. En cambio, **SI ORGANIZAS TU TEMARIO POR PRIORIDAD, AUNQUE NO LO DOMINES POR COMPLETO, PUEDES CUBRIR LO ESENCIAL Y TENER OPCIONES REALES DE CONSEGUIR PLAZA.** Estudio estratégico lo llamo, y lo analizaremos en un capítulo específico para que lo veas con claridad.

3. ERRORES TÉCNICOS

Aparte de los fallos en la elección de la oposición y en el temario, te enumero los errores técnicos que he visto cometer más a menudo:

Empezar una oposición solo con preparador

La mayoría de los opositores novatos creen que lo más importante es apuntarse a una academia o asesorarse con un preparador. No me malinterpretes: **UN PREPARADOR O UNA ACADEMIA PUEDE SER ÚTIL DURANTE TU OPOSICIÓN**. Te evalúan periódicamente, te comentan detalles específicos de la convocatoria, a veces incluso explican el temario y, sobre todo, te exigen una rendición de cuentas regular, algo muy valioso en un proceso que puede ser bastante solitario.

Ahora bien, no te confundas: **RARA VEZ TE VAN A MARCAR UNA ESTRATEGIA GLOBAL CLAVE PARA APROBAR.** Es, para que lo veas con un ejemplo, como empezar la casa por el tejado. Puedes tener a alguien que te explique el temario y te evalúe cada semana, pero si no sabes memorizar de forma eficaz, si no sabes sellar contenidos a largo plazo, si no sabes acumular temario con una planificación estratégica… ¿de qué sirve?

PUEDE QUE UNA EVALUACIÓN PERIÓDICA DE TU PREPARADOR LA HAGAS BIEN, PERO CUANDO LLEGUE LA CARGA REAL, NO VAS A SOSTENERLO. El preparador, simplemente, te dirá que está bien. Pero si no te ha enseñado cómo abordar el estudio de forma estructurada y global, esa corrección sirve de poco.

Estudiar sin estrategia global

NO PUEDES OPOSITAR SIN UNA ESTRATEGIA CLARA DESDE EL PRINCIPIO. Estudiar para una oposición no es como hacerlo para la universidad o el instituto: tenemos que pensar que el universitario es un velocista y el opositor un maratoniano, ambos corredores, pero muy distintos entre sí.

Los principales errores respecto a la falta de estrategia que se suelen cometer son:

NO USAR TÉCNICAS DE MEMORIA LITERAL EN SENTIDO ESTRICTO: Y no, subrayar con colores, leer y hacer esquemas no se pueden interpretar como tal.

NO PLANIFICAR AL DETALLE O LLEVAR UNA PLANIFICACIÓN INADECUADA: Como puede ser la planificación a vueltas (desde nuestro punto de vista, infernal) o sistema de arrastre, en el que se repasa tanto que finalmente te impide avanzar.

No te preocupes, este punto lo desarrollaré en un capítulo específico más adelante.

4. ERRORES PERSONALES

Vamos ahora con esos problemas que tienen que ver más con nuestra actitud al enfocar el estudio que con el estudio técnico en sí. ¡Te recomiendo que los tengas muy en cuenta, porque son de los que se suele olvidar todo el mundo!

Ser demasiado autoexigente, rígido e inflexible

Te voy a contar algo muy personal: **YO TAMBIÉN COMETÍ ESTE ERROR, Y NO PRECISAMENTE CON CONSECUENCIAS POSITIVAS.**

Cuando preparaba Judicatura, creía firmemente que en las oposiciones más es más. Estudiaba todos los días sin descanso: jornadas de diez horas, festivos incluidos y sin vacaciones. Todo giraba en torno al estudio. Al principio parecía compromiso, pero con el tiempo entendí que ese ritmo solo me estaba llevando al límite, desgastando justo lo que más necesitaba: **MI SALUD MENTAL.**

> **No somos máquinas, sino personas, con virtudes y también con defectos. Y justamente eso es lo que nos hace únicos.**

Como te contaba, una oposición es una maratón, no una carrera de velocidad. **LA CLAVE NO ESTÁ EN ESTUDIAR HASTA QUE CAIGAS DE AGOTAMIENTO, SINO EN TENER UNA ESTRATEGIA INTELIGENTE Y UNA BUENA PLANIFICACIÓN.** Sí, hay que esforzarse, no te lo voy a negar, pero también descansar y dejar espacio para los imprevistos. Porque lo que realmente marca la diferencia es cuidar lo que te sostiene todo el camino.

No escuchar a tu cuerpo

El cuerpo es sabio, y cuando no puede más, te lo hará saber de forma clara. No me refiero a esos días en los que me he podido sentir más cansada, ansiosa o con la mente nublada, sino a señales mucho más evidentes que reflejan un nivel de desgaste serio y que, lamentablemente, muchas veces se ignoran justo cuando más atención merecen.

LLEVAR LA MENTE AL LÍMITE PUEDE TENER CONSECUENCIAS REALES: trastornos de ansiedad, ataques de pánico, hiperacusia, migrañas severas, incluso ingresos hospitalarios.

¡De verdad que hemos visto de todo! Nada de eso son simples molestias; son formas en las que el cuerpo grita que necesitas parar.

Cuidarse, parar y descansar no es rendirse, es aplicar una estrategia inteligente y sostenible.

¡NOS VEMOS EN EL SIGUIENTE CAPÍTULO! En él veremos las cuestiones previas imprescindibles antes de aplicar las técnicas de memorización en sentido estricto: tiempo de estudio y temario.

4

CUESTIONES PREVIAS: TIEMPO DE ESTUDIO Y TEMARIO

TE CONTARÉ LA HISTORIA DE MERCEDES, UNA ALUMNA MUY QUERIDA, PORQUE ES MUY POSIBLE QUE TE PUEDAS IDENTIFICAR CON ELLA.

Mercedes, opositora de educación infantil, tenía el temario distribuido por apuntes, resúmenes, temario directo, esquemas... y, como ella decía ¡hasta apuntes de apuntes! Además, acababa de tener un hijo y trabajaba por las mañanas como interina, por lo que disponía de muy poco tiempo.

También le rondaba la duda de si, después de años sin estudiar tras la universidad, estaría realmente capacitada para preparar una oposición. En el fondo, se estaba limitando a sí misma con sus propias creencias.

El primer año se presentó sin éxito. Entonces decidió cambiar ese caos de apuntes y de método de estudio que arrastraba, ya que repasaba con un sistema de vueltas que le hacía sentir que todo se le olvidaba. Tras dos años sin presentarse, retomó la rutina de estudio y decidió apostar por Memoria Extrema. De acuerdo con nuestras indicaciones, **LIMPIÓ SUS APUNTES DE PAJA, EMPEZÓ A MEMORIZAR CON IMÁGENES, RECITAR POR PÁRRAFOS Y REPASAR SEGÚN NUESTRO SISTEMA DE PLANIFICACIÓN DETALLADA A LARGO PLAZO.**

Y *voilà*: sacó dos dieces en sus exámenes y consiguió su plaza en junio de 2024.

Seguramente te identificas en parte con la historia de Mercedes, porque antes de estudiar, todos necesitamos prepararnos mentalmente, organizando el temario y creando rutinas. Sé que tienes ganas de entrar de lleno en la metodología, pero antes es clave dejar bien definidas algunas cuestiones previas que, aunque rodean al estudio, son fundamentales.

Empezar a estudiar es como preparar la bici antes de una ruta exigente: si lo haces bien, el camino será mucho más llevadero.

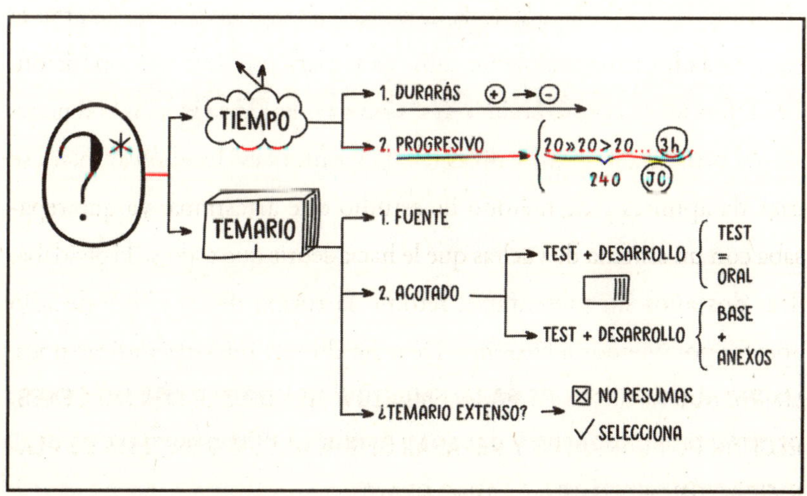

PODEMOS DISTINGUIR DOS GRANDES BLOQUES RELEVANTES A TENER EN CUENTA:

EL TIEMPO: cada vez durarás menos y la jornada de estudio tendrás que aumentarla de forma progresiva.

EL TEMARIO: deberás estudiar por una única fuente, tu temario deberá ser acotado, y en caso contrario, cómo solucionar el problema de un temario excesivamente extenso.

1. TIEMPO DE ESTUDIO

La primera cuestión primordial para prepararte para el estudio de una oposición o exámenes es el tiempo que vas a dedicar al estudio. Esto parece una evidencia y seguro que pensarás que te voy a recomendar estudiar grandes periodos de tiempo sostenidamente hasta el día del examen. Pero no, querido opositor.

> **La clave yace, sin ir más lejos, en planificar un tiempo de estudio realista y progresivo.**

Cada vez durarás menos

Me encantaría decirte que desde el minuto uno vas a poder ir a toda velocidad, marcándote los objetivos más exigentes, tanto en resultados como en horas de estudio, y que tu mente responderá con un ¡genial, vamos a ello! Pero la realidad, tanto en los estudios como en la vida, no funciona así.

UN EJEMPLO... Si llevas un tiempo sin entrenar y decides volver al gimnasio, tendrás que **hacerlo de forma progresiva para que tu cuerpo se adapte y logres mejores resultados** sin sobrecargarlo. Ya sabemos lo que pasa si decides darlo todo el primer día: acabas pagando la cuota del gimnasio, yendo solo el primer día y te quedas con tantas agujetas que no quieres volver.

Con el entrenamiento mental sucede algo muy similar, especialmente si llevas un tiempo sin estudiar a fondo y te pones tras unos años de parón.

La mente y la memoria son como músculos: se fortalecen con entrenamiento constante, poco a poco y de forma gradual.

La importancia de aumentar el tiempo de estudio progresivamente

Tanto si tienes jornada completa como media jornada disponible para estudiar, **NO TE RECOMIENDO COMENZAR CON 8 HORAS** —en caso de tener todo el día—, ni de 5 o 4 horas —en caso de tener medio día— de estudio desde el primer día. Lo único que conseguirás haciendo eso son agujetas mentales y procrastinación los días siguientes a los de estudio.

RECUERDA QUE UNA OPOSICIÓN ES UNA CARRERA DE FONDO. Mi consejo es que el primer día empieces con solo 20 minutos de estudio. Sí, como lo oyes, solo 20 minutillos de nada. Luego, aumenta 20 minutos cada día. **EN 24 DÍAS ESTARÁS ESTUDIANDO 8 HORAS DIARIAS** de forma saludable, o en **12 DÍAS HABRÁS ALCANZADO TU META DE MEDIA JORNADA,** sin forzar la maquinaria.

Por otro lado, si solo dispones de 2 o 3 horas para estudiar, ya sea por trabajo, hijos o cualquier otra razón, puedes optar por una progresión más rápida: empezar con 1 hora y añadir una más cada día. Al ser menos tiempo, no es un proceso tan agotador. Pero si aun así prefieres una progresión más lenta, ¡adelante! **EN UN PROCESO COMO LA OPOSICIÓN, LO QUE REALMENTE IMPORTA SON LOS RESULTADOS A LARGO PLAZO.**

2. EL TEMARIO

La segunda gran cuestión para prepararte para los exámenes de manera eficaz y sin desgaste innecesario es el temario: **TENER UN BUEN TEMARIO, SIN MEZCLAR MATERIALES Y SIN CONTENIDO QUE NO TE HAGA FALTA, ES CRUCIAL** para asegurar el éxito.

Elige siempre una única fuente de estudio

Aunque es un error muy común, a veces incluso fomentado por algunas academias, ¡ni se te ocurra estudiar un tema usando múltiples fuentes al mismo tiempo! Apuntes, ley, resúmenes, esquemas... No lo hagas. Con toda tu buena voluntad perfeccionista, solo lograrás confundir tu mente. **LA CLAVE PARA MEMORIZAR ES SIMPLIFICAR.**

Si tienes que estudiar la Constitución y el tema de la academia ya está bien acotado, con dicho tema bastará. No pierdas tiempo buscando esquemas o apuntes más largos; no tiene sentido complicarlo.

¡OJO CON ESTO! No quiero decir que todos los temas deban estudiarse exclusivamente a partir de la misma fuente. Un tema más teórico y con poca legislación puede ser más adecuado para estudiarse con el manual, mientras que un tema puramente legislativo quizá sea mejor abordarlo directamente en el BOE.

No estudies ni una página de más

Aquí no hay debate posible: **LOS TEMARIOS DEBEN ESTAR TOTALMENTE ADAPTADOS A LA MODALIDAD DE EXAMEN.**

Como norma general, su estructura debería ser la siguiente:

TEMAS PARA EXAMEN TIPO TEST: deben ser más extensos y muy precisos, ajustándose exclusivamente a lo que realmente puede preguntarse en ese formato dentro de tu oposición concreta. Nada de contenido decorativo o irrelevante.

TEMAS PARA EXAMEN DE DESARROLLO, ESCRITO U ORAL: aquí la clave es que tengan la extensión justa que puedas desarrollar dentro del tiempo disponible, según tus capacidades. A diferencia del test, pueden incluir una pequeña cantidad de contenido más elaborado o estilizado, que los haga más «atractivos» desde el punto de vista formal —aunque siempre sin pasarse.

SEGURO QUE TE HAS HECHO ESTA PREGUNTA

¿Qué debes hacer con oposiciones que tienen tres ejercicios, por ejemplo, un primer ejercicio test y los siguientes exámenes de desarrollo —orales o escritos—, y un examen práctico?

Te puedes encontrar con dos situaciones:

1. QUE LA MATERIA DEL EXAMEN TIPO TEST Y LOS EXÁMENES DE DESARROLLO (ORAL O ESCRITO) SEAN DIFERENTES.

Si el test cubre la parte general y el desarrollo se centra en la parte específica de tu oposición, ¡estás de suerte! Esta es la situación más sencilla de gestionar.

PARA EL EXAMEN TIPO TEST, los temas deben ser, por lo general, más extensos y estar muy ajustados al contenido que puede preguntarse en tu oposición. Salvo que tu preparador te indique lo contrario, olvídate de estudiar lo que solemos llamar «paja»: explicaciones teóricas, reflexiones doctrinales o cualquier contenido que no sea directamente legal. En un test jurídico, lo que cuenta es la ley pura, así que todo lo demás será tiempo y esfuerzo mal invertidos.

PARA EL EXAMEN DE DESARROLLO, los temas deben tener la extensión justa para que puedas completarlos dentro del tiempo asignado, según tu ritmo. A diferencia del test, aquí sí puedes incluir una pequeña parte de contenido más elaborado —solo lo necesario para que el tema suene más trabajado y completo, sin excederte.

No intentes prepararlos con extensión enciclopédica. El objetivo no es tener el tema «perfecto», sino funcional. Solo podrás demostrar lo que te dé tiempo a escribir o exponer, así que todo lo que quede fuera será energía desaprovechada. **Y TE PREGUNTARÁS: ¿CUÁNTAS PÁGINAS SON ESTAS?**

PARA SABERLO, LO MEJOR ES HACER SIMULACROS: escoge un tema, cronometra y redacta o recítalo al ritmo más rápido que seas capaz. Esa será tu medida base. A partir de ahí, puedes añadir una página más como margen de seguridad.

Aun así, aquí te dejo una **APROXIMACIÓN GENERAL SOBRE LA EXTENSIÓN DE LOS TEMAS PARA QUE LO TENGAS EN CUENTA:**

¡TOMA NOTA!

Para examen de desarrollo escrito:

Partiendo de que **una carilla densa en letra 11, con aproximadamente 28 a 30 líneas por página y es-**

crita a ordenador suele tomar unos **10 minutos en redactarse:**

- Si se dispone de **1,5 horas** para exponer un tema, lo ideal es que el tema ocupe unas **8 carillas densas**.
- En el caso de contar con **2 horas**, el tema puede extenderse hasta unas **10 carillas densas**.
- Si se deben desarrollar **10 epígrafes en un plazo de 2 horas**, se deberá ajustar la extensión de cada epígrafe a 1 carilla densa o, como máximo, a 1,5 carilla, para mantener un ritmo adecuado y cubrir todos los puntos requeridos.

Para examen de desarrollo oral:

En los exámenes de velocidad muy exigente, como los de Judicaturas, se calcula un ritmo aproximado de **2 minutos por carilla densa**.

- Así, si se dispone de **12,5 minutos** para desarrollar un tema, este deberá ocupar aproximadamente unas **6 carillas densas**.
- En caso de contar con **15 minutos**, el tema podrá extenderse a unas **7 u 8 carillas densas**.

En exámenes de velocidad media —en ámbitos como el jurídico, las ciencias o la educación—, se estima un ritmo de unos **3 minutos por carilla densa**.

- Así, un tema de **12,5 minutos** se ajustaría a unas **4 carillas densas**.
- Un tema de **15 minutos**, a unas **5 carillas densas**.

2. QUE LA MATERIA DEL EXAMEN TIPO TEST Y LOS EXÁMENES DE DESARROLLO (ORAL O ESCRITO) SEA LA MISMA.

Por ejemplo, tienes 100 temas entre la parte general y la parte específica; los 100 temas entran para el examen test y para el examen/es de desarrollo entra la parte específica solamente. Esta situación, frecuente en muchas oposiciones, complica bastante la preparación.

EL PROBLEMA SURGE AL USAR UN ÚNICO TEMA PARA AMBAS PRUEBAS:

-Si el tema lo adaptas al test, te quedará muy extenso para el desarrollo (y supondrá, además, un riesgo pensar qué descartar en medio del examen).

-Si el tema lo adaptas al desarrollo, suele ser demasiado escaso para el test.

¿Cuál es la solución? Estructurar los temas con un **SISTEMA DE TEMA BASE+ANEXOS:**

El tema base se adapta al examen de desarrollo, con la extensión justa para el tiempo disponible, y los anexos incorporan la información adicional necesaria para afrontar el test.

Si quieres afinar aún más, puedes preparar una **VERSIÓN BÁSICA DE ANEXOS,** enfocada a asegurar el aprobado, y **OTRA MÁS COMPLETA** si aspiras a una nota alta. Así lograrás un temario útil para el test y preciso para el desarrollo.

El problema de este método es que lamentablemente las academias y preparadores no suelen elaborar de este modo los temarios, así que para no incurrir en un tiempo innecesario de reelaboración de los mismos, lo que harás será seleccionar sobre tu propio temario lo destinado para el examen de desarrollo, y todo lo demás sabrás que será contenido extra para evaluarte del examen test.

Temario extenso: no resumas, selecciona

Aunque lo ideal es empezar con un temario ajustado y adaptado al tipo de oposición y modalidad de examen, la realidad es que muchas veces no se parte del material adecuado. Es muy común, y nos ha pasado con muchos alumnos, que lleguen con un temario excesivamente extenso y lleno de contenido irrelevante, lo cual resulta difícil de entender cuando proviene de editoriales, academias o preparadores que, en teoría, deberían facilitar el proceso. En lugar de ayudar, complican el camino al añadir una tarea extra: tener que depurar el material antes de poder memorizarlo.

SEGURO QUE TE HAS HECHO ESTA PREGUNTA

¿Qué debes hacer si ya has comprado un temario demasiado largo? **No pierdas el tiempo resumiendo o reescribiendo los temas desde cero.** Ese esfuerzo, por muy tentador que parezca, consume un tiempo valioso que podrías estar dedicando a memorizar de forma efectiva y avanzar con la oposición.

Lo que sí debes hacer es seleccionar subrayando. Antes de empezar a memorizar, toca limpiar el temario. ¿Cómo? Dependerá del tipo de examen:

- **Si es un test, céntrate en los datos puros:** si es de contenido jurídico, céntrate en artículos, cifras, fechas... el contenido muy teórico en general no suele entrar, así que elimínalo sin miedo (salvo que el preparador te diga lo contrario).

- **Si es un desarrollo en una oposición jurídica, necesitarás combinar contenido normativo con algo de redacción más estética.** Aun así, te recomiendo que el peso esté claramente en el contenido sustancial: una proporción 80/20 a favor del articulado es una buena referencia.

Ahora que ya tenemos claras estas cuestiones previas sobre el tiempo y, sobre todo, el temario, es momento de ponernos en marcha y organizar la oposición al máximo.

¡NOS VEMOS EN EL SIGUIENTE CAPÍTULO! En él veremos cómo tener una organización clara de tu oposición o estudios universitarios, a través del inventario. ¡Pura estrategia!

5

LA ORGANIZACIÓN Y EL INVENTARIO: SÉ UN AUTÉNTICO ESTRATEGA

SI HAY ALGO CLAVE EN LAS OPOSICIONES —Y EN LA VIDA, PARA QUÉ VAMOS A NEGARLO—, ES LA ESTRATEGIA. SIN ELLA, ES FÁCIL PERDER TIEMPO, ENERGÍA Y MOTIVACIÓN. En mi curso lo veo a menudo: alumnos que empiezan sin tener ni idea de la magnitud real de su oposición. No saben cuántas páginas tienen por delante ni qué temas son más importantes, y simplemente siguen el orden del temario oficial… como quien va tirando.

Por eso, antes de lanzarnos a estudiar, hacemos algo fundamental: el inventario.

¡TOMA NOTA!

Inventariar consiste en catalogar tus temas mediante un análisis exhaustivo y estratégico de tu oposición, para saber qué calidad memorística tienen esos temas, cuántas páginas tienes que estudiar y cuál es la importancia de cada tema, con el fin de establecer un orden de prioridades realista y eficaz.

Este inventario te dará una visión clara de todo el temario. Y créeme, más de uno se queda en *shock* al verlo: «¡No imaginaba que tan pocos temas tuvieran tantas páginas!».

> **No quiero que estudies a lo loco ni sin un plan. Hay que hacerlo bien, desde el principio. ¡Vamos al lío!**

PRIMER CRITERIO DEL INVENTARIO: LA DIVISIÓN DEL TEMA

Algo esencial para organizar bien tu estudio es **ENTENDER CÓMO TIENES TRABAJADO CADA TEMA** dentro del conjunto del temario.

Para clasificar los temas, hemos creado una analogía con las divisiones del fútbol. Como sabes, los equipos estrella están en primera división, los que no han rendido tanto bajan a segunda, y los de menor calidad están en tercera.

Temas de primera división

Te los has estudiado bien, los has repasado varias veces y los tienes muy visualizados en tu mente; solo necesitas un último retoque para que pasen a la fase de repasos de forma óptima.

Lamentablemente, los llamamos «temas unicornio» porque, al igual que estos seres mitológicos, no existen. La mayoría de los opositores nunca vienen al *training* con temas de esta categoría, ya que suelen cometer errores en las fases clave del estudio:

¡OJO CON ESTO!

Errores en la fase de estudio: muy común en opositores que estudiaron sin aplicar una técnica de memoria visual potente y sin la determinación y el mimo en el sellado que merece un tema de oposición para que aguante bien en el tiempo.

Errores en la fase de repaso: suele concurrir con la anterior, e implica que, además de haber sellado pobremente el tema, no se le haya dado ninguna o poca importancia al hecho de mantenerlo en el tiempo con un buen sistema de repasos.

¿Te suenan estos errores? Lamentablemente, seguro que sí.

Temas de segunda división

Son aquellos que ya estudiaste, aunque sin una técnica de memoria ni un sellado sólido. Tienen algunos repasos y cierta huella visual, por lo que puedes retomarlos más rápido que uno nuevo, pero aún no los tienes dominados al cien por cien. Suelen **REQUERIR LA MITAD DE TIEMPO** que los de tercera división y te permiten usar una estrategia más flexible, usando **GANCHOS COMBINADOS CON MATRIOSKAS,** conceptos que ahora no te sonarán de nada pero que veremos más adelante.

PRECISIONES RESPECTO A LOS TEMAS DE SEGUNDA DIVISIÓN:

Ahora bien, es posible que dentro de un tema de segunda división haya fragmentos complejos mal sellados, es decir, de tercera división. En esas partes, **APLICA TÉCNICAS MÁS PRECISAS DE MEMORIA LITERAL COMO BONSÁIS O PELÍCULAS, SIN OLVIDARTE EN NINGÚN CASO DEL SISTEMA DE SELLADO COMO LAS MATRIOSKAS.** No te preocupes si ahora esto te suena a chino, porque lo abordaremos más adelante.

UN EJEMPLO...

Si estudias oposiciones con legislación, sabrás que no todos los artículos son igual de complicados: hay algunos sencillos que entran como la gloria, y otros que te hacen cuestionarte si será mejor volver a la cama. Quizá algunos artículos difíciles los dejaste mal sellados, aunque el tema en general esté de segunda división. Y en oposiciones de ciencias y de educación pasa lo mismo con su contenido específico como definiciones o enumeraciones imposibles.

TAMBIÉN ES CLAVE NO SOBREVALORAR TU DOMINIO. Si al repasar no recuerdas casi nada ni visualizas el contenido, hazme caso: aunque te dé rabia porque lo dabas por estudiado, clasifícalo con honestidad como tercera división y usa una estrategia más rigurosa desde el principio.

Temas de tercera división

Aquí se encuentran los temas que estudiaste en su momento, pero que, por un mal sellado inicial o por la falta de repasos, has olvidado por completo. También se incluyen aquí los temas nuevos, aquellos que nunca has tocado. Son, en definitiva, los más frágiles de tu preparación y, por tanto, los que más trabajo van a requerir. Para ellos, aplicaremos una estrategia específica, enfocada en construir desde cero y asegurar una base sólida desde el principio. Para tenerlo claro, clarísimo al organizar tus recursos al estudiar, recuerda:

Temas de segunda división: ganchos+matrioskas Temas de tercera división: bonsáis o películas+matrioskas.

SEGUNDO CRITERIO DEL INVENTARIO: LAS PÁGINAS DE CADA TEMA

El segundo criterio para organizar tu estudio es el número de páginas de cada tema. **ES CLAVE SABER CUÁNTO OCUPA CADA UNO PARA PODER DIVIDIRLO EN PARTES MÁS MANEJABLES.** Estas partes manejables las llamaremos «temitas», de 6 carillas cada uno. Por ejemplo, un tema de 18 páginas se dividiría en 3 temitas.

¡OJO CON ESTO! Cuando hablo de carilla o página, me refiero al anverso o reverso de un folio. Es decir, un folio tiene 2 carillas o páginas. Así que un tema de 18 páginas son 9 folios. Este será el criterio que usaremos siempre para medir la extensión.

TERCER CRITERIO DEL INVENTARIO: LA IMPORTANCIA DEL TEMA

Generalmente, no todos los temas tienen la misma importancia. Hay algunos de los que suelen caer más preguntas que de otros y, por tanto, compensa más estudiarlos en profundidad.

Por ello, es recomendable realizar un análisis previo para identificar cuántas preguntas suelen aparecer de cada tema, y así poder clasificarlos según su relevancia en tres niveles:

TEMAS MUY IMPORTANTES, que conviene dominar a fondo porque concentran un gran número de preguntas.

TEMAS MEDIANAMENTE IMPORTANTES, que requieren un estudio sólido pero proporcional al número de veces que aparecen.

TEMAS NO IMPORTANTES, que tienen una presencia muy limitada en los exámenes y, por tanto, pueden estudiarse de forma más superficial por palabras clave, dejarse para el final o, directamente, descartar su estudio.

¡OJO CON ESTO!

Si el examen incluye una parte tipo test y un segundo ejercicio práctico, también deberás considerar como importantes aquellos temas que, aunque no generen muchas preguntas en el test, resulten relevantes para la resolución del ejercicio práctico.

¡GENIAL! YA TIENES TODOS LOS CRITERIOS QUE DEBES TENER EN CUENTA EN TU INVENTARIO.

Ahora, tendrás que organizar los temas por criterio de prioridad.

¡TOMA NOTA!

En los exámenes tipo test, los temas que más compensan y por los que empezaremos a estudiar son aquellos que sean de segunda división, con pocas páginas y muchas preguntas. Por otro lado, los temas que menos compensan son los de tercera división, que tienen muchas páginas y pocas preguntas, por lo que los dejaremos para el final.

En los exámenes de desarrollo, teniendo en cuenta que todos los temas tienen la misma importancia y extensión, debemos priorizar los temas de segunda división frente a los de tercera, y los más fáciles o preferidos del Tribunal, frente a los más difíciles o aquellos que nos impidan lucirnos tanto.

Como ves, esto es estrategia en estado puro: en una competición, como es una oposición, gana sin duda el alumno estratega.

¡NOS VEMOS EN EL SIGUIENTE CAPÍTULO! En él veremos los tres pasos de lo que consideramos la «Santa Trinidad» de la memorización. **¡NO HABRÁ TEXTO QUE SE TE RESISTA!**

6

LA «SANTA TRINIDAD»: EL PASO A PASO PARA MEMORIZAR

EL CONCEPTO «TRINIDAD» —tres elementos que funcionan como uno solo— me viene perfecto como metáfora para explicarte los tres pasos que necesitas seguir a rajatabla si de verdad quieres que la información se te quede grabada.

Para explicártelo mejor, primero te **HABLARÉ DEL CASO DE MARÍA**. Podría haber sido ella o cualquiera de los muchos alumnos con los que he trabajado. Todos, con el mismo fallo. Y sí, también podrías haber sido tú.

María estaba preparando la oposición para GACE (Cuerpo de Gestión de la Administración Civil del Estado) y vino a mí buscando lo mismo que buscan casi todos: salir del caos en el que se había convertido su estudio. Llevaba más de un año y medio con el temario, y según me contó, apenas tenía la sensación de retener algo con claridad. Esa oposición se había convertido en una auténtica pesadilla, que ya empezaba a afectarle incluso a nivel mental. Lo que necesitaba era un método que le permitiera acumular el contenido de forma sólida, para poder dominarlo de principio a fin el día del examen.

Le pregunté a María la misma pregunta que hago a cualquier persona que empieza el *training*: «¿Cómo has estudiado hasta ahora?».

SU RESPUESTA, CÓMO NO, LA TANTAS VECES ESCUCHADA: me explicó que nunca había pensado mucho en si tenía un método o no. Me dijo que lo hacía como siempre: leía, subrayaba los títulos en un color, los subtítulos en otro, repasaba, volvía a leer con más atención... a veces hacía una tabla o un esquema para aclarar ideas, y poco más.

¿Te suena? Seguro que sí. Y es que aquí es donde fallamos todos, porque nadie nos ha enseñado las técnicas precisas y necesarias para sobresalir en este sistema que, para bien o para mal, premia la memorización como uno de sus pilares clave.

El sistema educativo te dice qué debes estudiar, pero nunca te enseña cómo hacerlo.

Desde bien pequeños, en el colegio nos enseñan que la memorización es lo que nos hará sacar buenas notas en los exámenes. En el instituto, pensando ya en la selectividad, más de lo mismo. Las pruebas de acceso a la universidad se basan en la memorización, que es clave para superarlas. Esto también se repite en la educación superior o en la universidad, salvo en algunos grados técnicos. Y, por último, si tu objetivo es asegurarte estabilidad laboral y económica con una plaza en la función pública, entonces prepárate para la supermemorización. El problema es que el mensaje que se nos da es que la memorización es la clave del éxito, pero en ninguna de estas etapas nos enseñan a memorizar de manera efectiva. Cada uno que haga lo que pueda.

POR ESO ESTOY AQUÍ, PARA DECIRTE QUE LA DIFERENCIA NO ESTÁ EN TU CAPACIDAD, SINO EN LA ESTRATEGIA.

Me acuerdo perfectamente de una alumna muy querida que aprobó su oposición (Administrativo del Estado) en menos de un año y mientras trabajaba. Me decía: «Es que Paula, te soy sincera, yo siempre pensé que no era buena estudiante. Si yo hubiera sabido antes lo que he aprendido en el curso, habría sacado sobresalientes en el instituto, no tengo ninguna duda. Y habría estudiado la carrera que me hubiera dado la gana; **HABRÍA CAMBIADO MI FUTURO Y LA PERSONA QUE SOY**».

Por eso siempre hablo de la «Santa Trinidad», que para mí son los tres pasos imprescindibles para memorizar bien, página a página, tu temario de oposición o para tus exámenes de la universidad. Porque no se trata solo de estudiar, sino de destacar entre todos los que quieren lo mismo que tú: **LA PLAZA PARA TODA LA VIDA.**

¡OJO CON ESTO! Ante todo, hay que entender bien cómo funciona la memorización, que tiene dos fases fundamentales:

- **Primera fase:** la memorización del tema en sentido estricto. Y ten mucho cuidado con hacerla deprisa y sin asentar bien los conocimientos. Si vas solo por avanzar rápido, entras en el bucle de meter-perder, meter-perder. Y créeme, no quieres vivir ahí.

- **Segunda fase:** los repasos, dentro de una planificación a largo plazo y muy estratégica. Aunque creas que lo tienes dominado, si no haces un mantenimiento constante (algo que muchos preparadores ni mencionan), ese tema se te irá. Y eso, después de tanto esfuerzo, **no nos lo podemos permitir.**

¿CUÁLES SON LOS PASOS DE LA «SANTA TRINIDAD»?

Si has llegado hasta aquí, es porque sabes que memorizar bien no va solo de repetir y repetir sin sentido. Junto a mi hermana Sara —creadora del Método Bonsáis— llevamos años acompañando a opositores en este camino. Entre las dos hemos desarrollado lo que llamamos **LA «SANTA TRINIDAD» DE LA MEMORIZACIÓN, TRES PASOS QUE APLICAMOS A CADA PÁRRAFO DEL TEMARIO, SIEMPRE EN ESTE ORDEN: LECTURA COMPRENSIVA+SIMBOLIZACIÓN+SELLADO.**

Primer paso: lectura comprensiva.

Una buena memorización empieza por entender lo que lees. **SI EL TEXTO TIENE SENTIDO, TU MENTE LO RETIENE CON MÁS FACILIDAD.** Sí, con los métodos visuales puedes llegar a memorizar incluso sin entender del todo, pero una buena comprensión hace que todo funcione mucho mejor.

Segundo paso: método de memoria visual

En primer lugar, debemos tener claro que subrayar con colores o hacer mapas mentales no es memoria visual en sentido estricto. Nosotras trabajamos con tres métodos:

EL MÉTODO BONSÁIS, desarrollado íntegramente por Sara y registrado, **PARA MEMORIZAR DE FORMA PRECISA Y LITERAL.**

EL MÉTODO PELÍCULAS, que **USA IMAGINACIÓN Y HUMOR PARA QUE TODO SE TE GRABE SIN ESFUERZO.**

EL MÉTODO GANCHOS, perfecto para **TEMAS DE SEGUNDA DIVISIÓN O CUANDO NECESITAS MENOS LITERALIDAD.**

Aplicar estas herramientas cambia tu forma de estudiar y también de aprender. Sara, sin ir más lejos, lo usó incluso para visualizar su supuesto práctico durante su oposición, y fue clave para aprobar.

Todos estos métodos comparten ciertas características, pero también presentan diferencias que hacen que cada estudiante, según su estilo, prefiera uno u otro; de hecho, **COMBINARLOS SUELE SER LO MÁS EFICAZ**, ya que cada uno ofrece ventajas según el tipo de texto o situación: por ejemplo, muchas alumnas usan ganchos y bonsáis de forma habitual, pero recurren a las pelis cuando el contenido es especialmente denso y se les atasca de forma brutal.

SIMILITUDES ENTRE LOS MÉTODOS

Todos son métodos de **MEMORIA VISUAL**: se basan en la representación simbólica o en la visualización de imágenes para transformar un texto plano en un contenido mucho más atractivo para la memoria.

Todos implican una **SIMBOLIZACIÓN** paso a paso del contenido a memorizar.

DIFERENCIAS ENTRE LOS MÉTODOS

En el Método Bonsáis, **LA COMPRENSIÓN DEL TEXTO ES FUNDAMENTAL.** Cuanto mejor se entienda el contenido, más coherente, cohesionado y estructurado será el bonsái, lo cual facilita su posterior memorización.

En el caso de las pelis, si bien comprender el texto ayuda, **NO ES UN REQUISITO ESENCIAL.**

Personalmente, aunque suelo entender todo lo que estudio, por supuesto, reconozco que a veces los textos son tan farragosos que comprenderlos al cien por cien es casi imposible. En esos casos, las pelis han sido mi salvación: no ha habido texto que, por difícil que fuera, no haya logrado memorizar con este método como si lo dominara por completo.

Tercer paso: sellado o el método de matrioskas

Sin un sistema de fijación, todo lo que has memorizado se va. **EL SELLADO ES LO QUE HACE QUE LO APRENDIDO SE QUEDE CONTIGO COMO SI USARAS SUPERGLUE.** Pero ojo: estos tres pasos se aplican en orden y párrafo a párrafo. Nada de leer todo, luego simbolizar todo y después sellar en bloque. Así pierdes matices y fuerza.

TE CONFIESO QUE ME ENCANTA PENSAR EN LA IDEA DE QUE CADA ESTUDIANTE U OPOSITOR ES EL ARQUITECTO Y CONSTRUCTOR DEL CONOCIMIENTO QUE ADQUIERE.

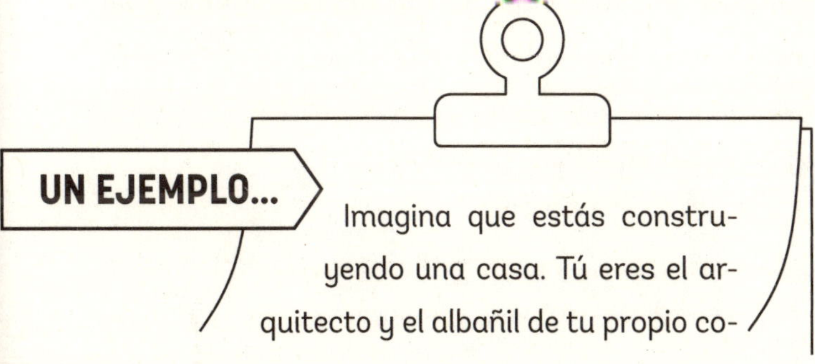

Imagina que estás construyendo una casa. Tú eres el arquitecto y el albañil de tu propio conocimiento. Necesitas unos buenos planos (eso es la comprensión), materiales de calidad (los métodos de memoria) y un cemento resistente (el sellado). Y como toda casa, necesita mantenimiento. Si no haces repasos bien planificados, llegarán las grietas, la humedad... y el olvido.

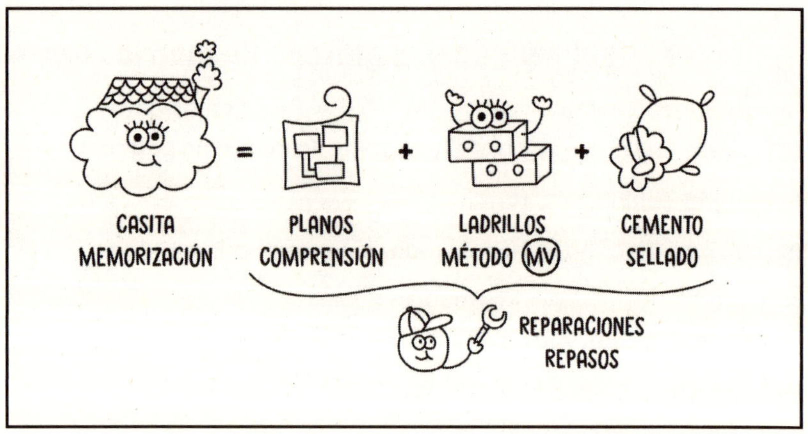

ESTOY SEGURA DE QUE AHORA VES, MÁS CLARO QUE NUNCA, la importancia de cada uno de los pasos dentro de tu proceso de construcción y memorización, y de que vas a acompañarme en cada uno de ellos a lo largo de los capítulos que los abordan.

¿Llevas puesto el casco para empezar a construir? ¿Sí? ¡Pues comenzamos!

¡NOS VEMOS EN EL SIGUIENTE CAPÍTULO! En él ahondaremos en la importancia del primer paso, la lectura comprensiva, como base imprescindible para implementar de la mejor manera los métodos de memoria visual.

7

LECTURA COMPRENSIVA: EL PRIMER PASO DE LA «SANTA TRINIDAD»

Sara y yo, como buenas hermanas —y si tienes hermanos lo sabrás—, tenemos muchísima afinidad en la mayoría de las cuestiones, pero también tenemos nuestras diferencias, que, cómo no, quedan reflejadas en nuestros métodos.

Una de ellas es la importancia de la lectura comprensiva: en el Método Bonsáis es muy relevante y en el de películas tiene menor importancia.

No me malinterpretes: siempre será preferible, aun en el método de películas, una buena comprensión, pero no requerirá quizá una tan clara y exhaustiva como en el de Bonsáis (aunque, en muchas ocasiones, hacer el propio bonsái aumenta la comprensión del texto que se realizó en una lectura inicial). Teniendo claro esto, vamos a ver las distintas capas de lectura comprensiva que podemos aplicar.

DISTINGUIREMOS TRES TIPOS DE LECTURA COMPRENSIVA:

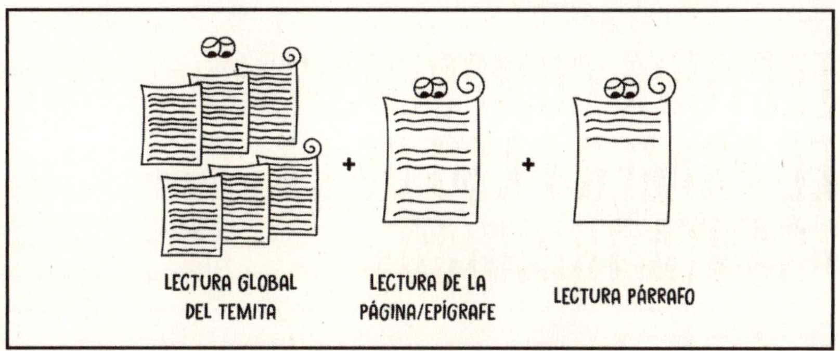

1. LECTURA COMPRENSIVA GLOBAL

Consiste en leer y comprender el temita completo. Aunque no la considero obligatoria, muchas alumnas y alumnos nos han comentado que les resulta muy útil para tener una **VISIÓN GENERAL ANTES DE ENFRENTARSE A LA COMPRENSIÓN MÁS DETALLADA**, párrafo a párrafo.

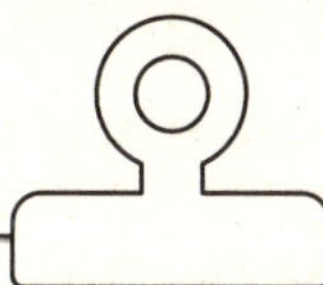

UN EJEMPLO...

Si el tema ya incluye un **índice claro y bien estructurado,** este paso podría ser prescindible. Si no lo tiene, puedes leer el tema completo e ir anotando al lado de cada párrafo la idea principal que trata. Por ejemplo, si estás con el tema «Las normas en el sistema jurídico español» y el primer apartado tiene 4 párrafos, pondremos al lado de cada uno a qué corresponden: definición, clasificación, evolución y características, por ejemplo.

Así, cuando trabajes con los tres pasos de la «Santa Trinidad» (lectura comprensiva específica, simbolización y sistema de sellado), tendrás de un vistazo claro lo que vas a abordar. Otra opción complementaria es ir haciendo un esquema general de todo el tema en un folio aparte, mientras vas leyendo, para visualizar mejor su estructura antes de entrar al detalle.

¡OJO CON ESTO! Este esquema es solo un apoyo para la comprensión general. No es la base de tu memorización ni sustituye el método literal. Los esquemas suelen ser demasiado genéricos para darte seguridad en una oposición, donde se necesita precisión.

DURACIÓN ESTIMADA PROPUESTA PARA LA LECTURA COMPRENSIVA GLOBAL: UNOS 2 MINUTOS POR PÁGINA. Por ejemplo, para un temita de 6 páginas densas, una buena estimación sería entre **12 Y 15 MINUTOS.**

2. LECTURA COMPRENSIVA DE LA CARILLA O EPÍGRAFE

En caso de que tu tema ya incluya un guión o índice general, y con eso te sea suficiente para hacerte una idea global antes de ir párrafo a párrafo, no estaría de más aplicar igualmente lo que te he propuesto en el apartado anterior, pero exclusivamente al epígrafe concreto.

De esta forma, anotarás al lado de cada párrafo el tema específico que trata. Así sabrás exactamente a qué te enfrentas y no entrarás en frío cuando comiences la lectura exhaustiva del párrafo.

DURACIÓN ESTIMADA PROPUESTA PARA LA LECTURA COMPRENSIVA DE LA CARILLA O EPÍGRAFE: dependerá de la extensión del epígrafe. Por ejemplo, si tiene unas 2 páginas, dedicar entre **4 Y 5 MINUTOS** a esta lectura inicial sería una buena estimación, siguiendo la misma lógica que comentamos antes.

3. LECTURA COMPRENSIVA DEL PÁRRAFO O ARTÍCULO

Una vez tenemos clara la comprensión global del tema o del epígrafe, pasamos a lo más importante: la comprensión del párrafo. Es aquí donde realmente **CONSEGUIRÁS LA CLARIDAD Y PRECISIÓN NECESARIAS PARA APLICAR DE FORMA EFICAZ CUALQUIER TÉCNICA DE MEMORIA VISUAL.** Esta lectura puede hacerse utilizando distintas técnicas. Puedes optar por una sola o combinar varias, de modo que se complementen y se refuercen entre sí, según lo que te resulte más útil en cada momento.

La técnica del «profesor»

Esta técnica consiste en leer el párrafo (sea una definición, clasificación, enumeración o artículo) y explicarlo en voz alta, como si se lo enseñaras a alguien desde cero. Usa tus propias palabras, como si tú fueras el experto y tuvieras que hacerlo comprensible para otra persona. ¿Sabes por qué hacemos esto? **PORQUE PONERTE EN EL ROL DE QUIEN ENSEÑA ACCIONA TU CONFIANZA Y HACE QUE TU COMPRENSIÓN CREZCA.**

Esta fase no requiere aún precisión literal, ya que solo busca afianzar la comprensión. Más adelante, con las técnicas visuales, sí que necesitarás la máxima exactitud para destacar en el contexto de una oposición. Como decía una antigua profesora mía:

«Nadie te explica mejor que alguien que entiende un poco más que tú». Esa persona quiero que seas tú, enseñando a tu alumna imaginaria.

El subrayado esclarecedor

Aunque se suele decir que subrayar en varios colores convierte al contenido en «visual», lo cierto es que el subrayado no funciona como técnica de memoria literal en absoluto. Marcar títulos, subtítulos o números con distintos colores no garantiza la retención precisa del contenido. Un mismo color no te ayudará a diferenciar datos similares pero importantes, como plazos o cifras clave. El color, por sí solo, no aporta la exactitud que exige una oposición, donde los detalles son fundamentales para destacar.

Este planteamiento se parece a etiquetar con el mismo color cientos de cajas con objetos distintos. Esto puede ayudarte a agruparlas, pero no te permitirá identificar con claridad qué contiene cada una. Del mismo modo, en el estudio, subrayar puede servir para organizar el contenido y facilitar la lectura previa, pero nunca debería ser la base de la memorización.

Por eso, aunque no es un método de memoria en sí, **PUEDE CUMPLIR UNA FUNCIÓN ÚTIL COMO PASO PREVIO, AYUDANDO A PREPARAR EL TERRENO PARA TÉCNICAS VISUALES MÁS POTENTES Y EFICACES.**

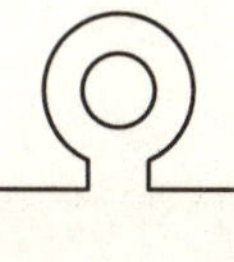

UN EJEMPLO...

Lo verás claro con un ejemplo de la vida real. Imagina que en una mudanza guardas sillas de muchos tipos en cajas amarillas. Como organización, funciona: sabes que todas las cajas amarillas contienen sillas. Pero si tienes cien cajas iguales, ¿podrías saber qué tipo de silla hay en cada una solo por el color? Pues supón ahora que, en vez de sillas, son plazos legales. ¡Te aseguro que tendrás que memorizar una cantidad ingente! Por el hecho de que todos los plazos los hayas subrayado en amarillo, ¿podrías distinguir si el plazo es de 10, 15 o 20 días? La respuesta no puede ser más clara: un rotundo NO.

LA VOZ DE LA EXPERTA

¿Cómo sugiero que sea este subrayado?

Para subrayar de forma útil, puedes usar un color para cada elemento clave del texto: sujetos (amarillo), verbos (azul), plazos o modos (verde) y excepciones (rojo). Así identificarás con rapidez quién actúa, qué hace, cuándo o cómo lo hace, y si hay alguna salvedad.

EL SECRETARIO JUDICIAL NOTIFICARÁ EL AUTO EN EL PLAZO DE 5 DÍAS, SALVO QUE LA LEY DISPONGA LO CONTRARIO.

Cuanto más comprendamos lo que leemos, más fácil será de recordar y de sellar en nuestra memoria.

Como ya te he comentado, y te vuelvo a recordar, cada método para entrenar la memoria visual requiere un nivel de comprensión lectora más o menos alto. En el Método Bonsáis es imprescindible un buen nivel de lectura comprensiva, pero en el Método Películas, no tanto. Por supuesto, siempre será mejor tener una buena comprensión, pero a veces te encontrarás —para que mentirnos— con textos o definiciones tan complejos o confusos que te dejarán totalmente perdido, como si no hubieras leído nada. Y ahí es donde el Método Películas se convierte en una herramienta muy útil, capaz de ayudarte a memorizar incluso los contenidos más difíciles aunque no los entiendas del todo.

¡PERFECTO! Implementando estas técnicas de forma individual o juntas de forma complementaria, verás que tu **COMPRENSIÓN AUMENTA** y servirá de base perfecta para el siguiente paso de la «Santa Trinidad», esto es, el uso de la técnica de memoria visual.

¡NOS VEMOS EN EL SIGUIENTE CAPÍTULO! En él, nos adentraremos en la simbolización: la base común de toda técnica de memoria visual.

8

CÓMO CONSEGUIR UNA BUENA MEMORIA VISUAL: LA SIMBOLIZACIÓN

Antes de abordar cada uno de los métodos de memoria literal que vamos a explicar (bonsáis, ganchos y pelis), vamos a entrar en detalle en el elemento que todos ellos tienen en común: **LA SIMBOLIZACIÓN.**

Aunque, en mi opinión, el símbolo por sí solo no es lo más relevante —porque lo más potente es la sinergia que se crea al combinar todos los elementos—, es innegable que cuanto más llamativos sean, mejor retención memorística vas a obtener. Así funciona la memoria.

Y SEAMOS SINCEROS, si en un anuncio ves un perro estándar, puede que lo recuerdes… o no. Pero si ese mismo perro aparece con todo el cuerpo rapado excepto la cabeza, con gafas llamativas, los ojos bizcos y brincando alegremente, entonces sí que lo recordarás. La razón es simple: a tu mente le atrae lo que rompe con lo esperado, lo que impacta, lo que genera contraste y destaca frente a lo neutro.

Cuanto más llamativo sea un símbolo, mayor será su capacidad de fijarse en tu memoria.

De hecho, hay una frase sobre relaciones amorosas que encaja perfectamente con el funcionamiento de la memoria: «Lo opuesto al amor no es el odio, es la indiferencia». Y eso mismo le ocurre a tu mente: **RECUERDA CON FACILIDAD LO QUE AMA O LO QUE RECHAZA, PERO OLVIDA SIN ESFUERZO TODO LO QUE LE RESULTA INDIFERENTE.**

¿CÓMO PUEDEN SER ESTOS SÍMBOLOS?

Aunque a todos nos encantaría que cada símbolo fuera una explosión en tu memoria, lo que funciona es una combinación de símbolos llamativos y funcionales.

Símbolos llamativos

Cuanto más imaginativo, disruptivo o chocante sea el símbolo, más atención captará tu memoria. ¿Qué funciona especialmente bien?

EMOCIONES INTENSAS: cualquier sentimiento intenso (amor, odio, tristeza, asco) activa el recuerdo.

CONTENIDO SEXUAL: como en el cine o la publicidad, lo erótico impacta y se graba con fuerza.

PERSONAS CONOCIDAS: incluir familiares, exparejas, famosos, *influencers* hace que el símbolo sea más fácil de reconocer.

TEMAS CONTROVERTIDOS: temas tabú como drogas o crímenes pueden ser muy eficaces, si los usas con criterio.

Además, un buen símbolo debería tener:

FONÉTICA PARECIDA al concepto real.

UN TOQUE DE LÓGICA que lo conecte mínimamente con la realidad (por ejemplo, un «secretario de Estado» representado como una persona).

COLOR, que siempre añade impacto visual.

LA VOZ DE LA EXPERTA

Tip extra: usa bolígrafos borrables (tipo Pilot) para poder mejorar o reemplazar tus símbolos fácilmente a medida que avances.

Y recuerda, no necesitas saber dibujar como Picasso para simbolizar. No se trata de hacer arte, sino de crear formas simples y visuales, pero llamativas, que tu memoria pueda reconocer y recordar con facilidad.

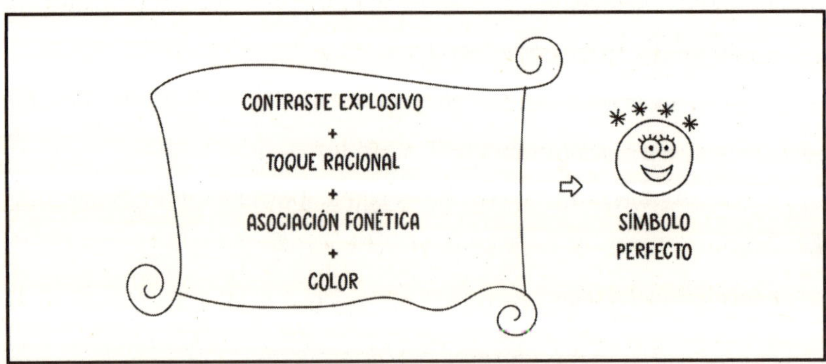

Hay ciertos elementos que se prestan especialmente bien a la simbolización visual y que, además, aparecen con mucha frecuencia en los temarios. Algunos de los más comunes son:

- **PERSONAS O SUJETOS**

ÓRGANO ADMINISTRATIVO: persona con cabeza de corazón y pinganillo, como si fuera una administrativa.

SENADO: edificio estilo parlamento con cara de anciano; «Senado» es similar a «senil».

COMISIÓN PERMANENTE: una señora en «camisón» (fonéticamente parecido) con la permanente hecha.

PUEBLO ESPAÑOL: un pueblerino con boina, con la cara con los colores de España o la bandera en el pecho.

ENTE LOCAL: «ente» suena a fantasma, por eso simbolizamos un fantasmito con boina de pueblo, en referencia a los municipios.

CARGO POLÍTICO: «cargo» me suena a carga o pesa, y lo unificamos con político, al que le he puesto una coleta estilo Pablo Iglesias.

AGENTE BIOLÓGICO: una especie de bacteria con gorra de agente de autoridad.

GERMEN OPORTUNISTA: el dibujo de un germen real, pero con una etiqueta de descuento/oportunidad.

• VERBOS

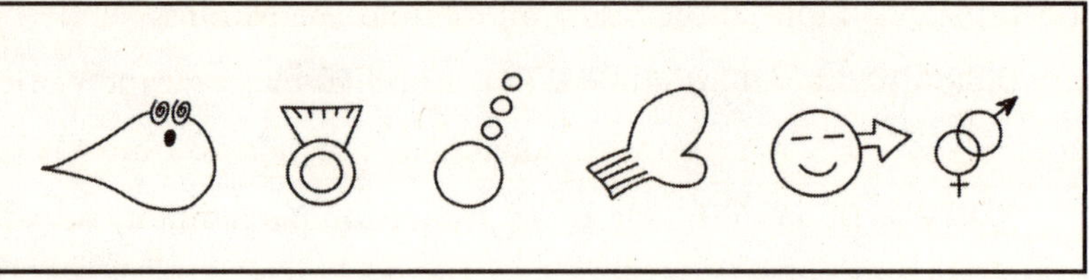

EXPRESAR: un bocadillo de cómic con cara expresiva estilo «El Grito» de Munch.

PROPONER: un anillo de propuesta de matrimonio.

ABOLIR: una bola de demolición (abolición y demolición se parecen mucho fonéticamente, y racionalmente también viene bien).

COMPETER/TENER COMPETENCIA EN: un guante de boxeo, por relación con una competición.

ORIENTAR: una señal de dirección con cara de oriental (aunamos racionalidad y fonética) o el símbolo de una orientación sexual.

• NORMAS, DOCUMENTOS DE PROCESOS, RECURSOS Y PRINCIPIOS

NORMA: un pergamino con cara de Norma Duval.

ACTUACIÓN ADMINISTRATIVA: una careta del teatro griego clásico con pinganillo de administrativa.

RESOLUCIÓN: una bombilla (de solución) con un rollito de pergamino para indicar que es un documento.

REAL DECRETO: una croqueta (decreto y croqueta se parecen fonéticamente) con una corona real y un rollito de pergamino.

DISPOSICIÓN SANCIONADORA: una deposición/caca sacando tarjeta roja, es decir, sancionando y, opcionalmente, vestida de árbitro.

RECURSO DE ALZADA: una R con tupé estilo pergamino y «alzada» en unos buenos taconazos.

PRINCIPIO DE TRANSPARENCIA: Blancanieves porque su blancura evoca la transparencia de la piel.

- **EXPRESIONES DE TIEMPO**

EN PLAZO: un reloj apuntando a un punto.

EN VIGOR: si se refiere a una norma o documento en vigor, lo simbolizaría muy «vigoroso».

COMPUTADO A PARTIR DE: una especie de reloj con forma de computadora.

• **NEXOS**

SALVO: un flotador de salvamento.

SIN PERJUICIO DE: un cigarrillo (el tabaco PERJUDICA seriamente la salud) y tachado (sin).

EN NINGÚN CASO: una señal de prohibición con las siglas ENC y una mano dándote el alto.

Como habrás notado, en todos los ejemplos he incluido una combinación de racionalidad, fonética y contraste llamativo. Esa mezcla es la clave para que un símbolo realmente funcione. Por supuesto, tu toque personal relacionado con experiencias, sentimientos y emociones propias ¡es superbienvenido!

¡TOMA NOTA!

Ahora te toca a ti. Haz una pausa, coge papel y boli, y vamos a practicar juntos. A continuación, te dejo un listado de elementos para que los simbolices siguiendo el mismo enfoque que te he mostrado. Al crear cada símbolo, procura que tenga:

- Un toque de **fonética**, que te recuerde algo con un sonido similar.

- Un mínimo de **racionalidad**, que conecte con el concepto original.

- Si puedes, un poco de **color**, que siempre suma a nivel visual.

- Y, por supuesto, un toque **llamativo** (puedes usar lo emocional, lo personal, lo sexual, personajes conocidos... todo aquello que despierte la atención).

Al finalizar este capítulo te voy a dar mis propias propuestas para que compares.

Ejemplo 1: DEFENSOR DEL PUEBLO (SUJETO)
Ejemplo 2: DOCENTE (SUJETO)
Ejemplo 3: PROMOVER (VERBO)
Ejemplo 4: LEY ORGÁNICA (NORMA)
Ejemplo 5: PRINCIPIO DE SEGURIDAD (PRINCIPIO)
Ejemplo 6: EN VISTA DE LO ANTERIOR (NEXO)

Símbolos funcionales

Aunque, como te comenté, lo ideal sería que cada símbolo sea llamativo, **NUNCA DEBES PARALIZARTE PORQUE NO SE TE OCURRA UN**

SÍMBOLO INCREÍBLE. Seguramente si tienes que memorizar un artículo, por ejemplo, o una definición, algunas palabras las simbolizarás sin problema, y para otras no se te ocurrirá nada.

SEGURO QUE TE HAS HECHO ESTA PREGUNTA

¿Qué hacer en estos casos?

Para salir del paso, usaremos símbolos más neutros, como pueden ser:

- ABREVIATURAS
- ACRÓNIMOS/SIGLAS
- INICIALES

Si te atascas, haz una búsqueda rápida en internet para inspirarte; al principio ayuda mucho, y con práctica te saldrán solos.

Veamos algunos ejemplos de símbolos funcionales:

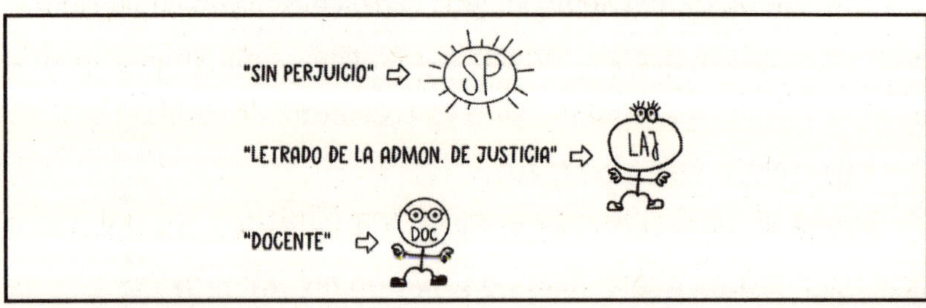

¿Verdad que son fáciles? Pues te aseguro que, si sigues mis consejos y realizas una combinación de símbolos llamativos e impactantes con símbolos más sencillos, conseguirás una memoria precisa a la vez que funcional sin atascos ni duraciones excesivas.

Y RECUERDA MI LEMA: ¡MEJOR HECHO QUE PERFECTO!

LO PROMETIDO ES DEUDA, ASÍ QUE AHÍ VAN MIS POSIBLES SOLUCIONES AL EJERCICIO PROPUESTO:

DEFENSOR DEL PUEBLO: una especie de Supermán con boina de señor de pueblo, o con el toque simpático que te sugiera lo relativo a los pueblos de España.

DOCENTE: una persona con gafas y cara de huevo o apóstol; la expresión «doce» me suena a una docena de huevos o a los doce apóstoles.

PROMOVER: un patinete, una espiral que te recuerde movimiento, un superdescuento de promoción.

LEY ORGÁNICA: puedes simbolizar un pergamino en forma de corazón (órgano superimportante), pero también en forma de caca simpática, al ser un desecho orgánico.

SEGURIDAD (PRINCIPIO): una cara con gafas de sol y pinganillo, al estilo del personal de seguridad de tu discoteca favorita (si lo conoces personalmente, ¡mejor!)

EN VISTA DE LO ANTERIOR: aunque no solemos recomendar simbolizar nexos que se pueden deducir, si lo quieres simbolizar, se podría hacer con unos ojos mirando hacia atrás con cara de cotilla.

AHORA SÍ, ¡NOS VEMOS EN EL SIGUIENTE CAPÍTULO! En él vamos a ver los bonsáis, una aproximación a nuestro método estrella.

9

LOS BONSÁIS

ESTE CAPÍTULO TE LO CONTARÉ YO, SARA, CREADORA DEL MÉTODO BONSÁIS. AHONDAREMOS EN CÓMO LO FUI DESARROLLANDO DESDE MI INFANCIA Y JUVENTUD, ASÍ COMO SUS CARACTERÍSTICAS. ¡VAMOS A ELLO! ESTOY DESEANDO COMENZAR.

Esta técnica la desarrollé desde bien pequeña, sin que nadie me la enseñara, como si fuera algo completamente natural en mí, y con resultados increíbles. Y no, no era especialmente empollona; de hecho, invertía muy poco tiempo en estudiar, pero retenía muchísimo. Como mi hermana Paula, siempre aprendí de forma distinta a la mayoría; repetir sin sentido no me servía, pero solo comprender tampoco era suficiente. **NECESITABA ALGO MÁS.**

TE CONFESARÉ ALGO QUE QUIZÁ TE SORPRENDA: SIEMPRE HE NECESITADO VER EL CONOCIMIENTO. Para mí, memorizar consistía en organizar la información visualmente, con lógica y estructura. Tanto era así que solía preguntar a mis compañeros: «¿Dónde tenéis el conocimiento? ¿Dónde lo veis?». Y ellos, con cara de desconcierto, me respondían: «No sé, en ninguna parte». En mi caso, lo tenía clarísimo: necesitaba visualizarlo con absoluta precisión.

A lo largo de mi vida formativa fui puliendo esta técnica, pero fue en la oposición donde realmente la perfeccioné. Memorizar miles de páginas con precisión absoluta me obligó a llevar este sistema al máximo nivel y, gracias a esta forma de estudiar, aprobé mi oposición a la primera en menos de un año, cuando lo habitual en esa época era tardar tres o cuatro veces más. Y eso en plena crisis, con escasas plazas convocadas.

Por supuesto, no solo me ayudó estudiar el Método Bonsáis, sino que fue la combinación de muchas herramientas: **TÉCNICAS DE MEMORIA VISUAL, SELLADO, PLANIFICACIÓN ESTRATÉGICA, CONTROL DE TIEMPOS, SISTEMAS DE REPASOS Y GESTIÓN EMOCIONAL. PERO SIN EL BONSÁI COMO BASE, NADA DE ESO HABRÍA FUNCIONADO IGUAL.** Fue, sin duda, la pieza clave.

¿QUÉ SON LOS BONSÁIS?

Antes que nada, te recuerdo que, para hacer un bonsái de un párrafo (ya sea un artículo, definición o clasificación), se deben seguir tres pasos esenciales:

PRIMER PASO. LECTURA COMPRENSIVA

Los bonsáis requieren una base sólida de comprensión del texto. A diferencia de las películas, que puedes recordar sin necesidad de comprenderlas completamente, la comprensión del texto es clave para crear bonsáis efectivos. Una vez domines la técnica, el bonsái puede incluso llegar a facilitar la comprensión, ya que, al simbolizar y estructurar la información, tu mente comienza a verla de manera más clara y lógica.

SEGUNDO PASO. SIMBOLIZACIÓN ACTIVA

Los bonsáis no son como otras técnicas. No basta con copiar símbolos de internet; debe ser un proceso activo, donde tú mismo crees los símbolos. Recuerdo un alumno que intentaba hacer bonsáis superponiendo imágenes sin simbolizarlas por sí mismo. Aunque el resultado no era el adecuado, cuando comprendió la importancia de hacerlo por sí mismo, notó una gran mejora en su memorización. La clave está en la proactividad, simbolizando y recitando en voz alta mientras lo haces.

TERCER PASO. SELLADO A TRAVÉS DE LA RECITACIÓN

Cuanto más activa sea la fase de simbolización que hemos visto, mejor preparado llegarás a la fase del sellado. En la oposición, donde debes memorizar una gran cantidad de información, no puedes permitirte pasar por alto esta fase de recitar. Es esencial ser estratégico para asegurar que todo el conocimiento se asiente de manera efectiva.

Para que un bonsái funcione bien, hay que seguir siempre estos tres pasos juntos: entender el párrafo, hacer los símbolos tú mismo y repasarlo en voz alta para fijarlo. Si te saltas alguno, es muy posible que no dejes tu conocimiento tan bien fijado como debería.

Te cuento el caso de Blanca, opositora a ingeniería del SOIVRE. Ella empezó con métodos tradicionales sin buenos resultados. Años después, nos descubrió en Instagram, hizo el *training* y encontró en el Método Bonsáis la clave: una técnica visual y precisa que encajaba con su mente racional.

Por supuesto, combinó esta técnica con otras estrategias (matrioskas, repasos, planificación) y la adaptó a su estilo con iPad. Con ello, no solo consiguió la plaza, quedó segunda de su tribunal en febrero de 2025. ¡Casi nada!

Quienes usan el Método Bonsáis coinciden: **PERMITE RETENER Y VISUALIZAR EL CONTENIDO COMO UNA FOTO, CON COMPRENSIÓN PROFUNDA Y DE UN VISTAZO.** Eso sí, como todo en la vida, requiere unas semanas de práctica. También recomiendo, si es posible, que alguien te guíe y corrija pormenorizadamente desde el principio. Aun así, aquí te doy lo esencial para que empieces a aplicarlo.

LOS REQUISITOS

Los bonsáis se definen como **FÓRMULAS VISUALES QUE COMBINAN ESTRUCTURA, UNIFICACIÓN Y SIMPLIFICACIÓN.**

Veamos cada uno de los elementos:

Estructurados

No se trata de poner un símbolo por cada palabra formando una fila interminable, como si fuera un jeroglífico. A menos que te llames Ramsés II (y si es así, encantada), mejor dejamos eso para los egipcios.

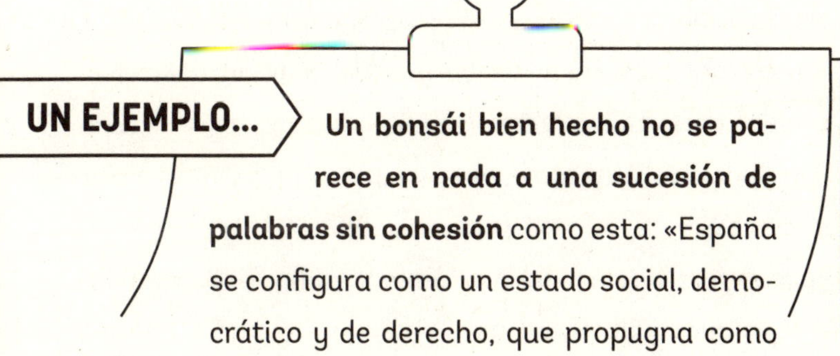

valores superiores de su ordenamiento jurídico: la libertad, la igualdad, la justicia y el pluralismo político».

Esta es la forma incorrecta de hacer un bonsái, una sucesión de símbolos a modo de jeroglífico.

La simbolización debe estar bien organizada, mostrando de forma clara el tema central, los datos generales y, en un nivel más específico, las precisiones o excepciones. Esto permite una visualización más ordenada y fácil de memorizar.

Unificados

La simbolización debe estar unificada. Es decir, no se trata de representar cada palabra con un símbolo aislado y sin conexión, como si fueran piezas sueltas. Por ejemplo, la expresión «soberanía nacional» no debe dividirse en dos símbolos distintos para cada palabra, porque eso implica el doble de esfuerzo mental para recordar un único concepto. El objetivo es simplificar, no complicar. A la mente hay que «engañarla» un poco para facilitar tanto la comprensión como la retención.

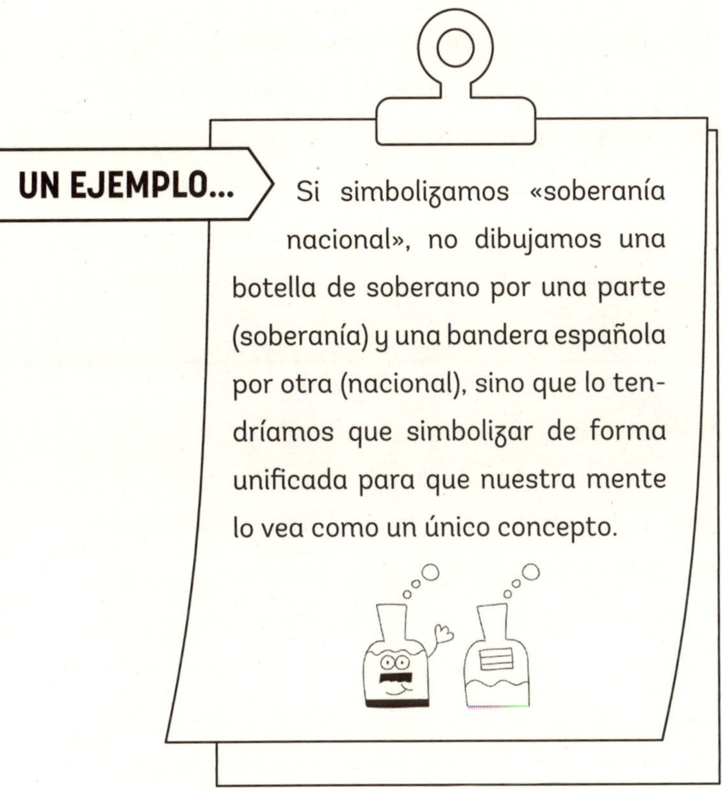

Simplificados

Esto significa que deberás simbolizar solo lo necesario, y ese grado de simbolización dependerá de varios factores:

• **TU CAPACIDAD DE DEDUCCIÓN:** Si ya dominas parte del contenido o tienes conocimientos previos sobre el tema, bastará con unos pocos símbolos clave que te ayuden a deducir el resto. Así evitarás sobrecargar el bonsái y ganarás en eficiencia.

• **EL TIPO DE TEXTO A MEMORIZAR:** No es lo mismo una reflexión o introducción, donde puedes permitirte una memorización menos literal, que un artículo legal o una definición técnica, donde cada palabra cuenta y se requiere máxima literalidad. En estos casos, la simbolización deberá ser más detallada.

• **EL TIPO DE EXAMEN:** En teoría y como norma general, los exámenes orales o escritos a desarrollar exigen mayor precisión y, por tanto, más simbolización. En los test, en principio, podrías reducir un poco la exigencia en cuanto a simbolización.

¡OJO CON ESTO! Tal y como está planteado actualmente el sistema de oposiciones —y especialmente los exámenes tipo test—, esto requiere muchos matices. Por experiencia, sabemos que una pregunta sobre plazos no te ofrecerá una opción evidentemente correcta y tres absurdas; lo más probable es que todas sean muy parecidas, e incluso la pregunta se centre en desde qué hecho concreto se computa el plazo, o si los días son hábiles o naturales. También es muy común que pregunten si una norma se formula en términos imperativos o no, por ejemplo: «la ley regulará» frente a «la ley podrá regular», o si algo ocurre «en todo caso», «en su caso» o «en ningún caso». Estas expresiones, que a una mente poco entrenada pueden parecer irrelevantes o de relleno, en realidad son las favoritas de los tribunales. Así que, si habías pensado que, al ser un test jurídico, bastaría con una lectura general o unos cuantos símbolos, estarías cometiendo un error grave. Porque, literalmente, les gusta ir a pillar.

¿Qué cuestiones podríamos simbolizar, con independencia del tipo de examen?

ARTÍCULOS INNECESARIOS: Palabras como «el», «la», «un» o «una» pueden eliminarse si no aportan claridad o precisión. Su omisión no afecta al sentido jurídico ni a la comprensión del texto.

EXPRESIONES DE RELLENO: Frases como «A efectos introductorios, podemos comenzar la exposición del presente tema...» no aportan valor en exámenes tipo test, y en exámenes de desarrollo (orales o escritas) suelen ser perfectamente deducibles y las sabrás exponer sin problema.

CONECTORES O NEXOS INNECESARIOS: Expresiones como «por otra parte», «de acuerdo con», «asimismo»... pueden simplificarse o eliminarse si no son imprescindibles ni aportan un valor significativo concreto.

VERBOS DEDUCIBLES POR EL CONTEXTO: Debemos establecer una diferenciación entre:

VERBOS SUSTITUIBLES SIN PÉRDIDA DE RIGOR: Por ejemplo, «El demandante *presentará* la demanda» puede reformularse como «El demandante *interpondrá* la demanda» sin que se pierda exactitud jurídica, por lo que ese verbo no será necesario simbolizarlo.

VERBOS ESENCIALES QUE MARCAN DIFERENCIA: «Los poderes públicos *promoverán* las condiciones favorables para alcanzar el progreso social» frente a «Los poderes públicos *garantizarán* el progreso social». En este caso, el verbo empleado cambia sustancialmente el grado de compromiso y protección jurídica. Esta diferencia puede ser objeto de pregunta, por lo que el símbolo del verbo no se puede omitir.

Por último, estos bonsáis no deberán estar sueltos en fichas, sino que **LOS TENDRÁS QUE DISPONER DE FORMA ORDENADA Y ORGANIZADA:**

AL LADO DE CADA PÁRRAFO DE TUS APUNTES O MANUAL (para principiantes o alumnos a los que, subjetivamente, les sea más beneficioso de esta forma).

EN UNA ESTRUCTURA ORGANIZADA EN FOLIO APARTE (puede ser en iPad o folio de papel) para que puedas visualizar todo el contenido de tu tema de forma global. Sin duda, esta es la forma en la que nosotras recomendamos hacerlo.

POR LO TANTO, RECAPITULEMOS: un bonsái consta de tres pasos y tres requisitos.

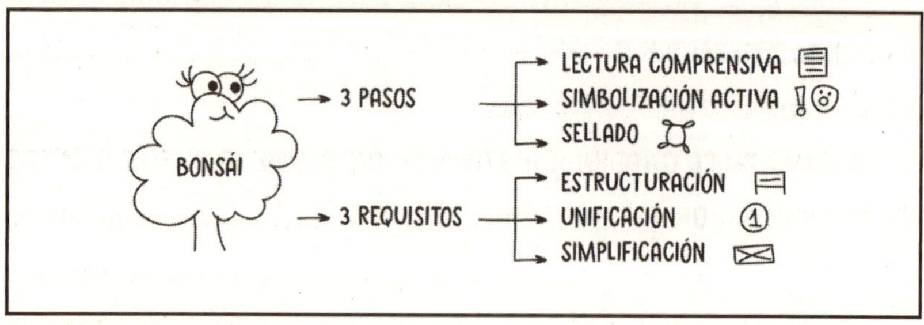

¡HASTA EL SIGUIENTE CAPÍTULO! En él veremos los **GANCHOS**, el método de memorización más sencillo, pero que te puede ayudar mucho en determinadas circunstancias.

10

LOS GANCHOS: CÓMO ANCLAR EL CONOCIMIENTO DE FORMA SENCILLA

Los ganchos son el método de simbolización más sencillo dentro de las técnicas de memoria visual. Por ello, los recomendamos para temas de «segunda división», es decir, aquellos que ya has leído o estudiado, pero que no terminaste de asentar bien, probablemente por una combinación de mal sellado del tema cuando lo estudiaste y una mala planificación de repasos. Para que nos entendamos, estos temas no están olvidados del todo, pero tampoco listos para exponerlos con seguridad.

El hecho de que los ganchos no sean tan exhaustivos como las pelis o los bonsáis, no significa que no puedan ser adecuados, y mucho, para determinadas circunstancias.

TE CUENTO EL CASO DE CRISTINA, PORQUE PUEDE QUE TE SIENTAS IDENTIFICADO CON SU SITUACIÓN. Ella llevaba ya unos años con la oposición de Agente de Hacienda: leía, subrayaba, hacía esquemas… pero cuando llegaba al examen test, siempre dudaba y no sabía con certeza cuál era la respuesta correcta. Sus temas estaban claramente de segunda división, pero les faltaba ese toque maestro para acabarlos de sellar por completo. Le propusimos la estrategia de GANCHOS+ MATRIOSKAS+PLANIFICACIÓN A LARGO PLAZO, con la que tuvo muy buenos resultados: en la siguiente convocatoria aprobó sin problemas y obtuvo su ansiada plaza.

Vamos paso por paso con los ganchos.

¿EN QUÉ CONSISTEN Y CUÁNTOS SE DEBEN USAR?

Los ganchos son **SÍMBOLOS VISUALES DE PALABRAS CLAVE DEL TEXTO, QUE ACTÚAN COMO DISPARADORES PARA RECUPERAR ESE CONOCIMIENTO QUE SIGUE LATENTE EN TU MENTE.**

En lo que a cantidad se refiere, dependerá de lo que recuerdes del texto. Como guía general, para un párrafo de 5 o 6 líneas, 3 o 4 ganchos bien escogidos suelen bastar para conectar los puntos esenciales.

¿DÓNDE SIMBOLIZAMOS LOS GANCHOS?

Justo **AL LADO DEL TEXTO ORIGINAL**, no en una hoja aparte. La razón es sencilla: si el tema ya tiene una imagen mental, introducir una segunda (en otro folio) puede generar confusión o «doble visualización». En memoria, eso equivale a un doble castigo, y queremos evitarlo a toda costa.

¿QUÉ SÍMBOLOS DEBEMOS USAR?

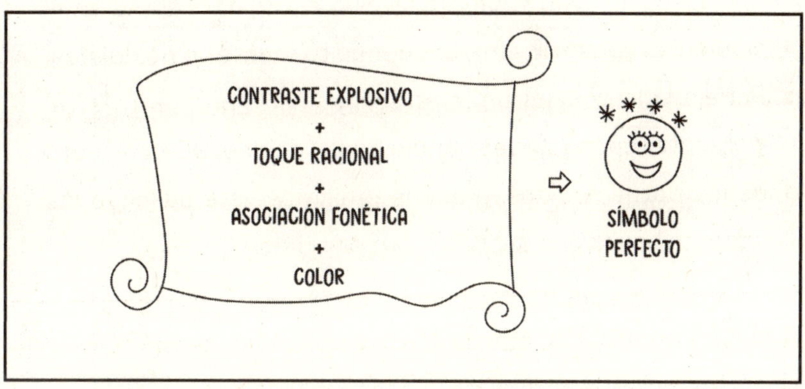

Como ya te comenté, puedes elegir entre distintos niveles de simbolización, según lo que necesites o lo que te resulte más fácil de recordar. Aquí te los ordeno de menos a más imaginativos:

SÍMBOLO RACIONAL BÁSICO: Consiste en representar la palabra con una imagen lógica y directa.

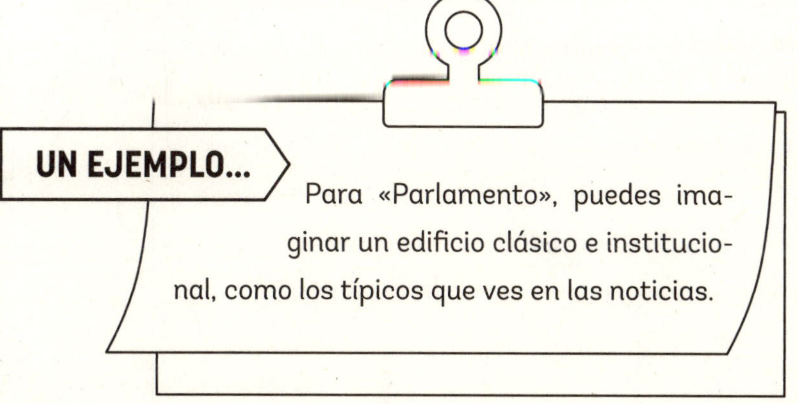

UN EJEMPLO...

Para «Parlamento», puedes imaginar un edificio clásico e institucional, como los típicos que ves en las noticias.

SÍMBOLO IMAGINATIVO O FONÉTICO: Aquí ya juegas con la sonoridad o una imagen más creativa.

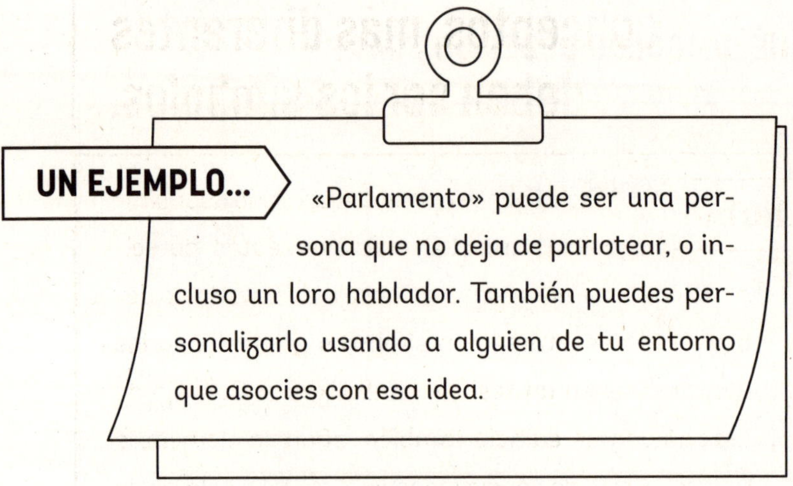

UN EJEMPLO...

«Parlamento» puede ser una persona que no deja de parlotear, o incluso un loro hablador. También puedes personalizarlo usando a alguien de tu entorno que asocies con esa idea.

FUSIÓN RACIONAL+FONÉTICO+CREATIVO: Este es el nivel más potente (y divertido). Combina elementos racionales con asociaciones fonéticas y creativas.

UN EJEMPLO...

Puedes imaginar un edificio institucional con lengua fuera, plumitas de loro, con un collar de perlas color «mentos»... ¡o incluso a alguien de Parla (Madrid) dando un discurso dentro del edificio! Lo importante es que sea memorable para ti.

Ten muy en cuenta esto: cuanto más similares sean los conceptos, más diferentes deben ser los símbolos.

¡TOMA NOTA!

Mucha gente comete el error de usar símbolos parecidos para conceptos parecidos. Parlamento y Consejo de Estado no deberían representarse con símbolos parecidos, o los confundirás en un test. Si simbolizas el Consejo de Estado con un edificio también, añádele elementos únicos: orejas de conejo (consejo-conejo) y colores de la bandera de España (Estado). Incluso puedes usar a alguien de tu entorno que siempre da consejos.

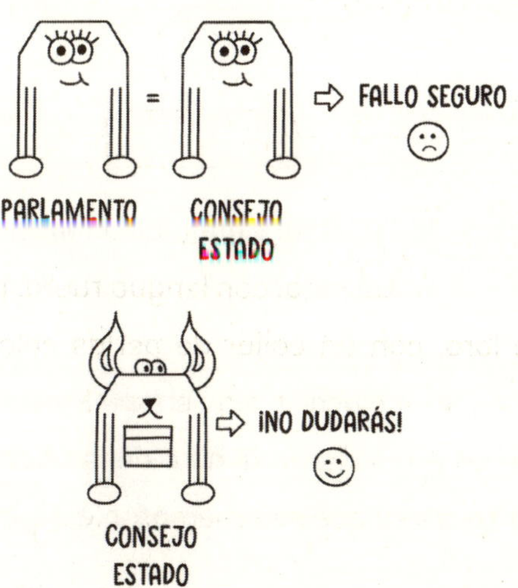

¿QUÉ TIPO DE PALABRAS PODEMOS SIMBOLIZAR COMO GANCHOS?

Dependerá del texto, pero, en general, simboliza lo que sabes que olvidas o te cuesta recordar, como, por ejemplo:

SUJETOS U ÓRGANOS COMPETENTES: si no se deducen fácilmente por el contexto.

TIPOS DE NORMA O RESOLUCIÓN: ley, real decreto, auto…

PLAZOS: muy preguntados en oposiciones. También el cómputo del plazo.

MAYORÍAS: simple, absoluta, 3/5, etc.

EXCEPCIONES: se preguntan mucho, más que la regla general.

COMIENZOS DE ORACIÓN: como en las canciones, un buen inicio puede activar el resto del recuerdo.

En oposiciones específicas:

EDUCACIÓN: fechas, autores, términos técnicos.

CIENCIAS: fórmulas, porcentajes, datos numéricos…

¿GANCHOS SUELTOS O UNIFICADOS?

Mucho mejor **UNIFICADOS**. Nuestra memoria retiene mejor lo que tiene coherencia visual y estructura. Un conjunto de ganchos en una imagen cohesiva se recuerda más fácilmente que símbolos aislados.

> Recuerda: **los ganchos por sí solos no bastan.** Forman parte del segundo paso de un sistema de tres:
>
> **1. Lectura comprensiva** del texto, subrayando lo que necesites simbolizar.

2. Simbolización visual de los ganchos de forma lógica e impactante.
3. Aplicación de matrioskas, que verás en capítulos posteriores.

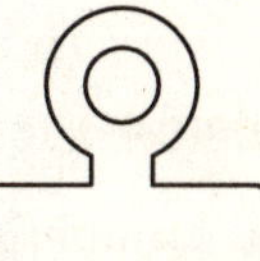

UN EJEMPLO...

Tal y como dice el refranero, que afirma que una imagen vale más que mil palabras, voy a hacerle caso y te voy a proponer, con respecto a algunos artículos o textos, los ganchos que podrías hacer.

La Constitución se fundamenta en la <u>indisoluble unidad</u> de la Nación española, <u>patria común</u> e indivisible de todos los españoles, y reconoce y garantiza el derecho a la <u>autonomía</u> de las nacionalidades y regiones que la integran y la <u>solidaridad</u> entre todas ellas.

En el ejemplo, simbolizo exclusivamente las palabras subrayadas que me podían servir de disparadores: UNIDAD, PATRIA COMÚN, AUTONOMÍA y SOLIDARIDAD.

UNIDAD: La simbolizo como un 1.

PATRIA COMÚN: Le pongo «pc» como si fuera un teclado de pc unido.

AUTONOMÍA: La simbolizo como el símbolo de la anarquía, también se puede simbolizar como una bandera de CCAA.

SOLIDARIDAD: La simbolizo como un sol que rodea la autonomía, también como una hucha del Domund.

Te propongo un ejercicio: coge un texto que ya te sepas más o menos (un artículo o un párrafo) y aplica los ganchos tal y como ves en el ejemplo. ¡Ya verás qué sencillo!

HEMOS FINALIZADO EL CAPÍTULO. ¡NOS VEMOS EN EL PRÓXIMO! En él veremos las pelis, el método de memoria visual más impactante y divertido, que te aseguro que no va a dejar ni a ti ni a tu memoria indiferente.

11

LAS PELÍCULAS: EL MÉTODO DE MEMORIZACIÓN QUE VA «DE CINE»

¿Te gusta el cine, el teatro, las novelas o incluso los *realities*? Seguramente sí. Y no es casualidad; las historias nos atrapan. Queremos saber qué pasa, cómo terminan, quién gana y quién pierde. La razón es que nuestra mente está diseñada para engancharse a lo que despierta curiosidad y emoción. Cuanto más intensa sea la historia, más nos afecta y, en consecuencia, más la recordamos.

El impacto emocional es el pegamento de la memoria.

Y DE ESO TRATA ESTE MÉTODO: convertir textos fríos y complejos en historias que atrapan, emocionan y se recuerdan sin esfuerzo. A veces bromeo con mis alumnas y alumnos y les digo: «Aquí se viene curado de espanto». Y esto es porque, para que algo se grabe a fuego, es imprescindible que tenga fuerza. En ocasiones incluso cierta «barbaridad» que lo haga inolvidable.

DE TENER TDAH A PENSAR EN CINE

EN REALIDAD, NADIE ME ENSEÑÓ ESTE MÉTODO, fui autodidacta. Comencé a desarrollarlo desde los once años. Además, me acompañó a lo largo del bachillerato, la selectividad y, por supuesto, en la universidad. Como persona con TDAH (Trastorno por Déficit de Atención e Hiperactividad),pensaba en imágenes, necesitaba emoción, impacto… Y encontré en las «películas mentales» una herramienta brutal.

LA OPOSICIÓN, ESO SÍ, YA FUE OTRO NIVEL, una locura. Pero la enfrenté igual que mis estudios: con planificación y con películas. Literalmente, convertí más de 3.000 folios en escenas mentales. **Y ¿SABES QUÉ? FUNCIONÓ.** En un año y medio obtuve lo equivalente un 8,73 y un 7 en el primer y segundo examen respectivamente. Para mí, no te lo voy a negar, este método es un **IDIOMA NATIVO.** Como si fuera bilingüe: español y «**PELICULÉS**».

Y TE PREGUNTARÁS... ¿POR QUÉ FUNCIONA? Porque este método activa todas las áreas de la memoria: tiene movimiento, imágenes, emoción, curiosidad e impacto. Es, sin exagerar, el método más potente y rápido que conozco una vez has cogido práctica. Sin embargo, no a todo el mundo le gusta para todos los textos, ya que a veces las historias pueden volverse un poco surrealistas y alejarse del sentido original.

VALE, PAULA, PERO ¿EN QUÉ CONSISTE?

Es muy sencillo: **TRANSFORMA UN CONTENIDO ABURRIDO, GRIS Y MONÓTONO EN UNA HISTORIA VISUAL** —exagerada, emocional y con imágenes impactantes— que se grabe fácilmente y a fuego en la memoria.

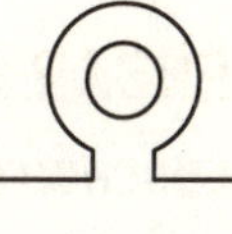

UN EJEMPLO...

Artículo 15 de la Constitución Española

Todos tienen derecho a la vida y a la integridad física y moral, sin que, en ningún caso, puedan ser sometidos a tortura ni a penas o tratos inhumanos o degradantes. Queda abolida la pena de muerte, salvo lo que puedan disponer las leyes penales militares para tiempos de guerra.

Ahora dime, ¿qué recuerdas diez segundos después de leerlo? Probablemente, poco. Veamos qué pasa, sin embargo, si probamos con una **película mental:**

Imagino a Ted Bundy, que es un asesino muy famoso que va por la calle. Alguien intenta matarlo, y él grita que incluso él (todos) tiene derecho a la vida. Lo apalean (integridad física), lo humillan escupiéndole (integridad moral) y la madre de una de sus víctimas, como venganza, le arroja a la cara una tortuga (tortura) mientras su cara mordisqueada por esta se va degradando, perdiendo sus facciones humanas (tratos inhumanos y degradantes). Finalmente, quiere ejecutarlo, pero él se defiende diciendo que la pena de muerte se eliminó (queda abolida la pena de muerte).

Entonces ella saca un documento de su bolso que resulta ser una ley, la cual está arrugada (hecha una pena), con estampado militar, y alega que como están en plena guerra sí podrá ejecutarlo (salvo lo dispuesto por leyes penales militares en tiempos de guerra).

ESO, TE GUSTE O NO, NO SE TE OLVIDA. Y ESA ES LA IDEA DE LA PELÍCULA MENTAL.

PASOS PARA CREAR Y MEMORIZAR TU PELÍCULA

Paso 1. Lee y comprende el texto

Antes de ponerte a crear tu película, necesitas saber de qué va el texto. Haz una primera lectura general, sin preocuparte aún por memorizar. Solo céntrate en entender el contenido.

Paso 2. Elige el protagonista

En la historia anterior, Ted Bundy no fue una elección al azar.

Imaginarlo reclamando el derecho a la vida, incluso tras lo que hizo, provoca una contradicción emocional intensa. Eso lo hace inolvidable.

Esa es la clave del protagonista. No tiene que ser «el bueno». Tiene que provocarte algo real: rabia, ternura, odio, miedo, risa... Cualquier emoción que sea intensa y fuerte.

LA CUESTIÓN ES: ¿CÓMO ELEGIR AL MEJOR PROTAGONISTA? Para ello, diferenciaremos:

SI HAY UN PROTAGONISTA CLARO

En algunos textos, el protagonista es evidente.

Por ejemplo, en el **ARTÍCULO 62 DE LA CONSTITUCIÓN (FUNCIONES DEL REY)** puedes usar al Rey Felipe, al Rey Emérito, o también puedes convertir al Rey en el líder de tu grupo de amigos, de tu familia o tu jefe.

En la LOE **(FUNCIONES DEL PROFESORADO)** puedes visualizar a algún profesor o profesora que marcó tu infancia (para bien o para mal, pero que no te sea indiferente) o incluso a ti misma si estudias para ser docente.

En **MEDICINA,** si el texto habla de un paciente, puedes usar a alguien hipocondríaco, a un familiar enfermo o incluso a ti mismo.

SI NO HAY UN PROTAGONISTA CLARO

Esto pasa con mucha frecuencia, pero realmente no es difícil hacerlo. Te dejo las siguientes alternativas:

ASOCIA LA PALABRA PRINCIPAL O CLAVE CON UNA IMAGEN Y A PARTIR DE AHÍ TE INVENTAS LA HISTORIA.

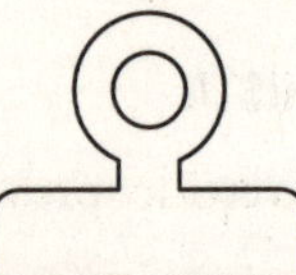

UN EJEMPLO... Veamos el artículo **57.3 de la Ley 39/2015,** que trata sobre las medidas provisionales:

(...) podrán acordarse las siguientes medidas provisionales (...):
A) Suspensión temporal de actividades.
B) Prestación de fianzas (...).

Puedes imaginar a una novia que se hace un vestido a medida porque tiene miedo de engordar (medidas provisionales) por lo que deja temporalmente de comer dulces (suspensión temporal de actividades) y como la comida saludable es más cara, su madre le fía dinero (prestación de fianzas).

LEE EL TEXTO Y PIENSA EN SALSEO (parejas, por ejemplo).

Mismo ejemplo: una pareja en crisis decide separarse como medida provisional, por lo que suspenden su actividad íntima de momento (suspensión temporal de actividades) y uno le fía dinero al otro porque era dependiente económicamente (fianza).

PONTE A TI DE PROTAGONISTA.

Imagínate llevando ese vestido provisional, o siendo la persona afectada por una medida administrativa de derivar una obra, o un bar con ruido debajo de tu casa.

EN CUALQUIER CASO, EL PROTAGONISTA DEBE PROVOCAR UNA EMOCIÓN REAL. Si es alguien que conoces, odias o admiras profundamente, mucho mejor. A esto lo llamo los «gigantes de la memoria»: el ex que te rompió el corazón, la profe que te humilló, tu hijo, tu madre o un político que amas u odias. Cuanto más sentimiento haya, mejor lo vas a recordar.

Muchos me decís que en textos como los de **CIENCIAS O SANIDAD** es difícil sacar un protagonista, pero no es así.

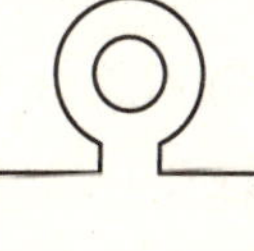

UN EJEMPLO...

El sistema nervioso puede dividirse en dos partes: sistema nervioso central (SNC) y sistema nervioso periférico (SNP).

Puedes imaginarte a una persona muy nerviosa porque en su vida personal tiene dos novios: uno más «pijo» que vive en el centro (SNC) y otro en la periferia (SNP).

Otra idea: una persona está tan nerviosa que desarrolla un TOC para centrar su cerebro dentro de

su cabeza y al final le acaban dando calambres por todo el cuerpo.
Aquí he visualizado un cuerpo humano, pero si solo visualizo un cerebro centrado y los nervios a lo largo del cuerpo, se me va a acabar olvidando, por eso necesito exagerar.

Paso 3. Crea la historia

Ahora que ya hemos visto cómo simbolizar el sujeto, pasaremos a simbolizar el texto en una historia simbolizando las palabras clave y conectándolas entre sí. Vamos a ver un ejemplo de cómo lo haríamos.

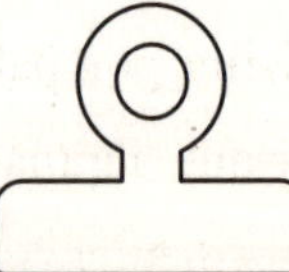

UN EJEMPLO... *Existen varios tipos de TLP (Trastorno Límite de la Personalidad): Desanimado, Impulsivo, Petulante y Autodestructivo.*

Pienso en una amiga del instituto con cambios de humor exagerados (aunque no tenga TLP). Un día no se levanta de la cama (desanimado). Al siguiente, se declara a varios chicos (impulsivo). Como muchos le corresponden, empieza a mirarlos por encima del hombro (petulante), pero luego se arrepiente y se toma veinte pastillas (autodestructivo).

Para crear la historia, he pensado en la primera palabra de la enumeración «desanimado» y la he vinculado a la protagonista de la forma que me parecía más conveniente. Después, imagino la segunda palabra, «impulsivo», y la intento relacionar con la anterior aunque no tengan nada que ver. En estos casos suele haber un giro muy brusco, ya que la primera palabra no tiene nada que ver con la segunda. A continuación, pienso en la palabra tres y la relaciono con la dos, y así hasta el final.

Haz lo mismo cuando se trate de enumeraciones larguísimas con muchos apartados; es muy posible que se te puedan olvidar algunos, y este método te será de gran ayuda.

Paso 4. Rememora

Lee el texto original palabra por palabra, mientras reconstruyes mentalmente tu historia (ya que algunas palabras se te han podido olvidar). No lo hagas mecánicamente: visualiza, siente y revive.

Paso 5. Recita

El impacto de la película no es suficiente si no la recitas. Recitar el texto completo pensando en tu historia es lo que lo fija en tu memoria a largo plazo. Este paso es absolutamente **INDISPENSABLE**. Si no haces el esfuerzo activo de decir oral o mentalmente el texto, en cuanto pasen 2 o 3 días ya estará olvidado y más, si has seguido avanzando con el temario. Por eso, cuando muchos de vosotros me decís que tenéis miedo a que la película se olvide, mi respuesta siempre va a ser tajante: **SIEMPRE QUE LA VAYAS RECITANDO, NO SE VA A OLVIDAR.**

LA VOZ DE LA EXPERTA

También me comentáis que parece que estáis haciendo doble trabajo: crear la historia y memorizar. Pero no es así. Estáis memorizando mientras creáis la historia. Es simultáneo. Si copias películas de otros, sí es un doble esfuerzo, porque no las sientes como tuyas. Para que te hagas una idea, en hacer una historia y memorizarla tardarías entre 2 y 5 minutos para un párrafo denso de 6 líneas. Hecho y memorizado literal y a largo plazo.

Otro de los peros es que hay que tener mucha imaginación. Yo siempre digo que el aprendizaje es parecido a aprender a nadar. Al principio parece difícil, pero luego se automatiza.

EL MACROPELICULÓN: CÓMO ORGANIZAR TODO EL TEMARIO HECHO PELÍCULAS

¿Te parece imposible hacer todo el temario en película? No lo es. Yo lo hice, y muchos de mis alumnos también. Uno de ellos fue Darío. Trabajaba los veranos en Ibiza, era entrenador personal y nunca había leído una ley. Opositaba a Administrativo del Estado y no entendía los textos jurídicos, pero conectó enseguida con las películas. Al principio cometió errores: no recitaba los textos y no repasaba, convencido de que el impacto emocional bastaría. Tras varios meses e insistencia por nuestra parte, se dio cuenta de que así no funcionaba. Corrigió su método, implementó bien los repasos y las matrioskas, y al **AÑO SIGUIENTE APROBÓ TRES OPOSICIONES.**

Para conseguir este magnífico resultado, eso sí, necesitamos un orden muy concreto. ¿Cómo lo conseguiremos? A través de un recorrido de lugares que conozcamos muy bien, por ejemplo, tu casa, tu camino al trabajo, la universidad o la oficina.

ESTO TE DA TRES SUPERPODERES:

ORDEN MENTAL: sabes qué viene después solo por el lugar, lo cual es ideal en los exámenes a desarrollar.

DIFERENCIACIÓN DE TEMAS: cada tema está en una ubicación distinta (cocina, salón, dormitorio) y eso hace que no vayas a liar un tema con el otro.

BÚSQUEDA EFICIENTE: si en el test te preguntan por un tema que se situaba en «el baño», tu memoria se enfoca directamente en ese espacio.

CADA ESCENA LA SITUAREMOS EN UN LUGAR, aunque eso sí, nada de poner solo una palabra en cada sitio, porque entonces se te acabarán todos los lugares que conoces en el primer tema. Tendrás que situar al menos un párrafo en cada localización.

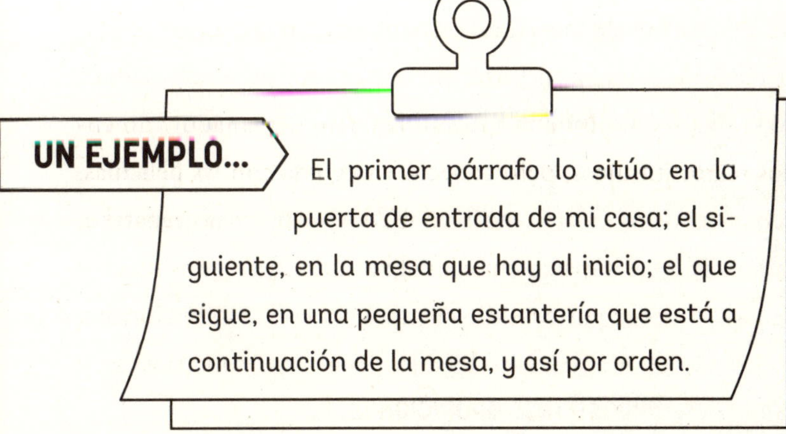

UN EJEMPLO...

El primer párrafo lo sitúo en la puerta de entrada de mi casa; el siguiente, en la mesa que hay al inicio; el que sigue, en una pequeña estantería que está a continuación de la mesa, y así por orden.

Cuando empieces a hacer películas largas puedes situarlas en cualquier lugar que conozcas, pero si vas a hacer mucho mucho temario en película, lo mejor es que empieces por ciudades enteras por orden.

LA VOZ DE LA EXPERTA

Te cuento cómo lo hice en la oposición: **el primer libro,** que incluía 150 páginas literales, lo situé a lo largo del pueblo de mi abuela materna de 100 habitantes (todo por orden, desde que empezaba el pueblo hasta el final); el **segundo libro,** del mismo número de páginas, en el pueblo de mi otra abuela; el **tercero y el cuarto,** en el pueblo de mi adolescencia (más grande que los anteriores); y los tomos 5, 6 y 7 en Salamanca, donde estudié en su universidad. Los otros tomos fueron ocupando los barrios que conocía de Madrid u otras ciudades. Como ves, no tenía 3.000 lugares. Pero cada rincón me servía y cada habitación contenía varias escenas muy bien hiladas.

¡NOS VEMOS EN EL SIGUIENTE CAPÍTULO! En él veremos el Método Matrioskas, y descubrirás cómo estas muñequitas tradicionales rusas pueden ayudarte a sellar tus conocimientos con cemento del duro.

12

LAS MATRIOSKAS: SELLAR CON CEMENTO DEL DURO

TE CONTARÉ LA HISTORIA DE JOSÉ. Llevaba tres años intentando aprobar la oposición de Instituciones Penitenciarias sin éxito, a pesar de estudiar mucho y lidiar con situaciones personales muy duras. Su oposición constaba de un examen tipo test y un supuesto práctico.

Siempre salía con la misma sensación: dudaba entre varias opciones y nunca estaba seguro.

Cuando empezó a aplicar nuestro sistema, comenzó a sacar dieces en los simulacros y le planificamos para presentarse al examen con todo el temario en tan solo seis meses. Pero llegó el examen real y suspendió. ¿El motivo? El que sospechaba, pero no quería escuchar: recitar por párrafos. Él no lo hacía porque le daba pereza. Le pasó lo de siempre. Al año siguiente corrigió ese error, siguió el método estrictamente hasta el final… y quedó entre los diez primeros. ¡Todo un auténtico logro!

¡OJO CON ESTO!

Si has leído detenidamente el libro, subrayando o tomando tus propias notas, recordarás la analogía entre la construcción de una casa y la del conocimiento en tu memoria. Por ello, necesitamos una serie de fases o elementos, siendo muy cuidadosos de no prescindir de ninguno.

¡TOMA NOTA!

CONSTRUCCIÓN DE LA MEMORIA = COMPRENSIÓN + MÉTODO VISUAL + SELLADO

EL MÉTODO MATRIOSKAS ES EL SISTEMA DE SELLADO CLAVE. No basta con apilar ideas una sobre otra: cada párrafo necesita su capa de cemento; primero de forma individual y luego global, para que todo se asiente con firmeza. Imagina que estás construyendo tu casita del conocimiento. ¿De verdad quieres que el lobo feroz del tiempo —que sopla con fuerza en una oposición— venga y la derribe por no haberla sellado bien? **EL CEMENTO CUMPLE UNA DOBLE FUNCIÓN: FIJA EL CONTENIDO DESDE EL PRIMER MOMENTO Y REFUERZA LOS CIMIENTOS PARA LOS REPASOS FUTUROS.** Con el Método Matrioskas, cada capa cuenta.

¿CÓMO FUNCIONA EL SISTEMA DE SELLADO MATRIOSKAS?

El sistema funciona como esas muñequitas tradicionales rusas, donde cada figura contiene dentro otra más pequeña, y así sucesivamente hasta llegar a la más diminuta. Del mismo modo, el sellado debe seguir esa lógica: una capa contiene a la anterior, de forma progresiva y encajada.

Es importante tener claro algo fundamental: **PARA SELLAR, SIEMPRE HAY QUE RECITAR.** No vale con releer los apuntes ni con repasar los ganchos, bonsáis o pelis que hayas creado.

> **Recitar implica un esfuerzo activo porque obliga a visualizar el contenido sin mirar nada y exponerlo tú mismo.**

Lo ideal es hacerlo en voz alta, ya que está demostrado que escuchar nuestra propia voz mejora significativamente la retención. Al recitar mentalmente, no solo se pierde ese refuerzo auditivo, sino que, además, es muy fácil que pases por alto detalles importantes y no selles bien palabras clave.

Seguro que alguna vez te ha pasado que, en un test, al intentar recordar un dato, solo veías un vacío mental; justo eso es lo que evitamos con un recitado completo y preciso, palabra por palabra. Si sueles estudiar en bibliotecas o con más gente y no puedes hablar en voz alta, hazlo en voz baja o mueve los labios con claridad, vocalizando cada palabra aunque sea sin sonido; ese pequeño gesto mantiene casi el mismo nivel de eficacia.

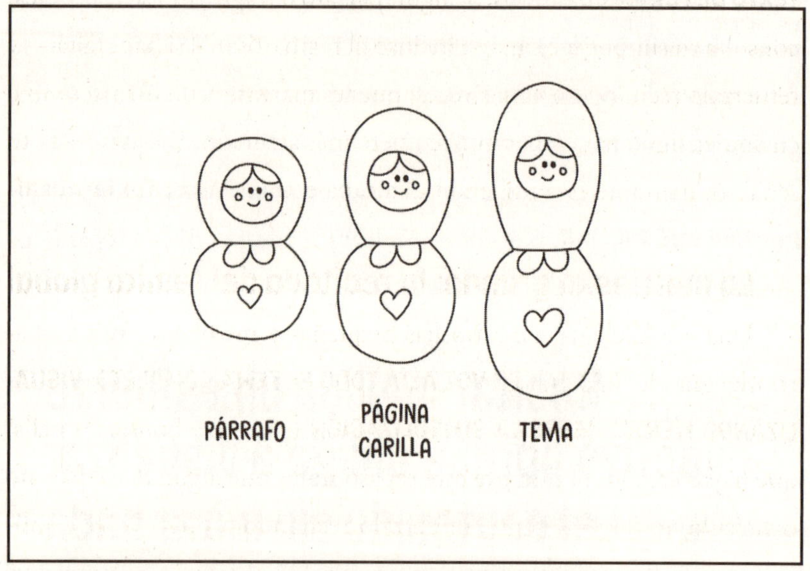

La matrioska pequeña: los párrafos

El sellado del párrafo debe hacerse siempre recitando, nunca leyendo ni mirando directamente los ganchos, bonsáis o pelis que hayamos creado. **SE TRATA DE VISUALIZAR MENTALMENTE ESAS IMÁGENES Y RECITAR EL CONTENIDO A PARTIR DE ELLAS.** Cada párrafo de la página debe ser recitado de forma individual, después de haberlo comprendido y simbolizado. Insisto: lo que **DEBES VISUALIZAR AL RECITAR NO ES EL TEXTO LITERAL, SINO LA SIMBOLIZACIÓN QUE HAYAS CREADO.** El texto solo es el punto de partida para transformar la información en imágenes; a partir de ahí, tu única referencia debe ser esa representación simbólica.

La matrioska mediana: la carilla o página

Aquí **RECITAREMOS LA PÁGINA ENTERA RECORDANDO, SIN MIRAR LOS GANCHOS, BONSÁIS O PELIS QUE HAYAS CREADO, Y EXPONIENDO EL TEXTO DE FORMA CONTINUA.** Si algún párrafo o fragmento se te atranca, consulta tu simbolización —e incluso el texto original si hace falta— y refuérzalo recitándolo varias veces; puedes marcarlo con un asterisco o cualquier signo para saber que requiere más atención. Ese aviso será tu señal: tu mente te está pidiendo una capa extra de cemento justo ahí.

La matrioska grande: la recitada del temita global

Una vez hechas las matrioskas pequeñas y medianas, toca la matrioska grande: **RECITAR EN VOZ ALTA TODO EL TEMA COMPLETO, VISUALIZANDO MENTALMENTE LA SIMBOLIZACIÓN** (ganchos, bonsáis o pelis) que hayas creado. Si durante este repaso notas que algún dato, párrafo o artículo no fluye, detente, refuérzalo recitándolo varias veces y aplica esa capa extra de cemento que necesita. Si al terminar sientes que han quedado demasiadas lagunas, vuelve a recitar el tema entero: **EL ESFUERZO INVERTIDO AHORA SERÁ CLAVE PARA QUE ESE CONTENIDO TE DURE NO SOLO HASTA MAÑANA, SINO EN CADA REPASO QUE VENGA DESPUÉS.**

¿Puedo hacer toda la simbolización (ganchos, pelis o bonsáis) de golpe y después incluir las matrioskas?

No es recomendable. Simbolizar todo de golpe y luego recitar en global deja el conocimiento mal sellado. Igual que en una casa: primero un ladrillo, luego su cemento. Aquí, párrafo a párrafo, página a página, y al final, el tema completo.

¿Y si después de aplicar todas las fases del sellado, incluida la última matrioska, siento que no me sé bien el tema?

No te alarmes si, aun siguiendo todos los pasos, el tema no se te queda; puede ser normal, porque todos somos humanos. Hay días que tenemos menos claridad mental, más cansancio o temas más difíciles. También influye cómo te sientas anímicamente. Si no se asienta, simplemente se «pagará a plazos», es decir, se consolidará en los repasos.

¡HEMOS FINALIZADO EL CAPÍTULO! HA SIDO FÁCIL, ¿VERDAD?

AHORA TE TOCA LLEVARLO A LA PRÁCTICA: escoge el tema que quieras y aplica lo que te he enseñado: **COMPRENSIÓN+TÉCNICA DE MEMORIA VISUAL+MATRIOSKAS.**

O si quieres verme en acción explicando muchos ejemplos para memorizar diferentes textos, ejemplos de planificación y otras muchas cosas, apúntate a **MI CURSO GRATUITO.**

¡Si siempre se apuntan más de 5.000 personas, por algo será!

Escanea este código QR para descargarte el material extra.

¡NOS VEMOS EN EL SIGUIENTE CAPÍTULO! En él veremos cómo abordar los **REPASOS**, esas «reparaciones» imprescindibles sin las cuales la construcción de tu memorización se puede venir completamente abajo.

13

LOS REPASOS: LAS «REPARACIONES» IMPRESCINDIBLES DE TU MEMORIZACIÓN

TE VOY A CONTAR UN CASO QUE ME DEJÓ ASOMBRADA. Alicia opositaba a Judicatura y ya llevaba tres años. Ni una sola vez pasó del primer examen, y lo insólito es que tenía una memoria prodigiosa. Desde niña destacaba tanto que, aunque no hablaba español cuando empezó el colegio, ya que sus padres eran extranjeros, sacaba dieces memorizando todo sin entenderlo. Los profesores pensaron que copiaba, pero no: su mente retenía palabra por palabra.

TODA SU VIDA FUE UNA ALUMNA BRILLANTE. Hasta que llegó la oposición y entonces se atascó. No fue por falta de memoria, sino por un mal sistema de repasos. Pasaba tanto tiempo entre estudio y repaso que olvidaba lo aprendido, y el día del examen había temas que se los sabía muy bien y otros de los que no se acordaba de nada. Cuando llevó una planificación correcta, todo cambió. Memorizar el tema no basta; si no repasas bien, lo pierdes todo.

Y sí, sé que hay personas que han **APROBADO OPOSICIONES SIN SEGUIR UNA ESTRATEGIA CIENTÍFICA** en este aspecto, pero normalmente, aparte de muchos años, constancia e incertidumbre, han tenido un pequeño golpe de suerte y les han caído los temas que han repasado al final. Tú no vas a ser una o uno de ellos, desde luego, y menos después de leer este capítulo.

Estudiar sin estrategia es como ir al gimnasio y usar las máquinas al azar: sí, estás entrenando, pero el esfuerzo no está bien orientado.

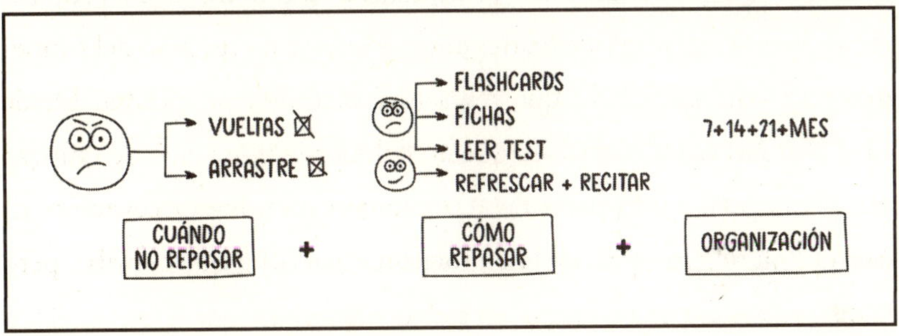

CUÁNDO NO REPASAR

UNO DE LOS ERRORES MÁS FRECUENTES ES EL MAL PLANTEAMIENTO DEL CUÁNDO REPASAR.

EL SISTEMA DE VUELTAS, por ejemplo, es uno de los más extendidos y, paradójicamente, uno de los más ineficientes. Se trata de avanzar el temario y repasar los temas varios meses después sin ningún criterio científico que lo justifique. El resultado es un bucle interminable de estudio y olvido.

El peor escenario posible sería estudiar un tema y no repasarlo hasta un año después. Recuerdo el caso de una alumna que me confesó haber necesitado ayuda psicológica porque, después de cuatro años estudiando, había dado cuatro vueltas al temario y no sabía nada de nada. Se sentía incapaz intelectualmente.

Hay quien defiende este sistema alegando que, aunque sientas el tema perdido, la próxima vez que lo memorices lo harás en la mitad del tiempo, pero eso es mentira: solo sería un argumento válido si cuando volvieras a estudiar el tema hubieran pasado quince días o, en algunos casos, un mes; pero si han pasado varios meses o un año, ya estará completamente olvidado. Si conforme a la ciencia, en cuestión de una o varias semanas (según el tipo de repaso), el tema está con un pie en la tumba, imagínate haber pasado un año o varios meses: ya está muerto y enterrado.

OTRO ENFOQUE HABITUAL ES EL DEL ARRASTRE: una vez que estudias el tema, no lo paras de repasar. Aunque es algo más efectivo que el anterior, con el tiempo se vuelve insostenible. A medida que se acumulan temas, el ritmo necesario para mantener tantos repasos exige jornadas imposibles. Esto genera una gran frustración porque no se avanza nada.

También existe el método **MIXTO,** que es una mezcla de los anteriores, un cajón de sastre, y que normalmente refleja un caos de planificación más que una elección meditada de equilibrio entre avances y repasos.

CÓMO REPASAR

Antes de entrar en cómo repasar, tengo que incidir en el hecho de cómo no repasar. Leer sin más, hacer fichas o *flashcards* o limitarse a refrescar los esquemas son prácticas pasivas que no consolidan la información. Incluso hacer únicamente test, si bien útil como complemento, no sustituye al **VERDADERO REPASO: EL RECUERDO ACTIVO DE TODO EL TEMA.** Las fichas como mucho pueden servir para repasar lagunas el último día.

HACERLO BIEN CONSISTE EN UN PROCESO EN DOS PASOS: REFRESCAR EL CONTENIDO Y RECITARLO SIN MIRAR. Si aparecen lagunas —y aparecerán, aunque domines el tema—, repasa justo esa parte. Si te encuentras con que son muchas, vuelve a recitar el tema completo. Sé que a veces tendrás prisa, pero si solo lo lees, la próxima vez estará tan borroso como si nunca lo hubieras estudiado desde hace mucho mucho tiempo.

¡OJO CON ESTO!

Muchos me decís que como vuestro examen es test no veis sentido a recitar los temas (ni para memorizar ni para repasar). Sin embargo, para ser capaces de identificar correctamente las respuestas con tanto nivel de detalle, especialmente en un temario extenso y monótono, no es suficiente con limitarse a leer el contenido, pues inevitablemente confundirás unos datos con otros y surgirán dudas. La ciencia es categórica en este aspecto: **si no realizas el esfuerzo activo de recordar la información sin consultarla, no estás consolidando el aprendizaje a largo plazo.**

ORGANIZACIÓN DE LOS REPASOS

LO QUE SÍ FUNCIONA —Y ESTÁ DEMOSTRADO CIENTÍFICAMENTE— ES APLICAR LA LÓGICA DE LA CURVA DEL OLVIDO. Cuando memorizas un tema, tu cerebro empieza a olvidarlo de forma progresiva, siendo los primeros días los más críticos. Lo ideal es que el primer repaso lo hicieras a los tres días, pero tienes tanto temario que si añadiésemos este repaso posiblemente no te daría tiempo a cubrir todo el temario del examen.

¡TOMA NOTA!

Te recomiendo que hagas los repasos en estas fases:

- **El primer repaso** debe hacerse a los 7 días desde que se memorizó, recitando el tema.
- **El segundo,** 14 días después del primer repaso.
- **El tercero,** tras otros 21 días desde este último.
- Y a partir de ahí, **así cada mes.**

El primer repaso es siempre el más duro y es cuando el olvido es más acusado, por eso es normal que aparezcan muchas lagunas incluso si el tema estaba bien memorizado, así que no te preocupes si eso te pasa. Es justo cuando la información que hemos memorizado está a punto de perderse, y por eso debemos aprovechar ese momento para refrescarla y, de paso, fijarla de forma más duradera. Te encontrarás con que el segundo repaso ya es más fácil, y con cada nuevo repaso, el contenido se consolida mejor. **AL LLEGAR AL REPASO MENSUAL, COMPROBARÁS QUE, A PESAR DEL TIEMPO, LOS TEMAS SIGUEN RELATIVAMENTE FRESCOS.**

¡OJO CON ESTO!

No basta con hacer esos cuatro repasos y olvidarse. Hay que seguir repasando cada mes hasta la fecha del examen.

En la **UNIVERSIDAD SERÍA EL MISMO SISTEMA, PERO CON MATICES.** Si, por ejemplo, tienes cinco asignaturas y cada asignatura la estudias en 1 semana, tendrías que empezar a estudiar 5 semanas antes de la fecha de tus exámenes. Las asignaturas que primero hubieras estudiado daría tiempo a repasarlas un par de veces (a la semana y luego a los 15 días) y a las últimas asignaturas les daría tiempo a darles un repaso solo. Ten en cuenta que los exámenes los vas a tener todos muy juntos, así que aprovecha el tiempo que suele mediar (2 o 3 días) entre cada prueba para volver a refrescar toda la materia a la vez y llevarla reciente.

MUCHOS ME DECÍS: «PAULA, ESTOY SIGUIENDO LA CURVA DEL OLVIDO, PERO LOS TEMAS ME SUENAN LEJANOS». Es normal. El sistema funciona porque repasamos justo antes de olvidar, no cuando aún lo tenemos fresco. Si repasamos demasiado pronto, perdemos tiempo. Pero si esperamos mucho, el tema se va del todo.

LA VOZ DE LA EXPERTA

Si el tema lo ves «borroso», también puede ser que no lo memorizaste bien desde el principio. Si no te sabías bien el tema cuando lo avanzaste, no puedes esperar recordar con soltura al repasar. Yo misma, cuando estaba agotada (ansiedad, jornadas maratonianas...) dejaba algunos temas al 80 por ciento, sabiendo que luego, en los repasos, tendría que invertir más tiempo para dejar el tema perfecto. Eso no es un error: es **estrategia**. Si estás colapsado, es mejor seguir avanzando y volver a estudiar el tema en el siguiente repaso que forzar cuando tu mente ya no da más. Por ejemplo, si dejas un tema sellado al 80 por ciento, en el siguiente repaso perfecciónalo hasta dejar el 90 por ciento de los datos sabidos, y en los próximos vete puliendo las lagunas hasta que quede al cien por cien.

En las oposiciones, otra de las cosas que me decís es: «Se me acumulan los repasos y no avanzo», y os entiendo. A todos nos pasa. A los tres meses, es habitual sentir que no hay tiempo para avanzar. Por eso yo misma amplié los plazos de la curva del olvido. No fue por gusto, sino por necesidad.

¡NOS VEMOS EN EL SIGUIENTE CAPÍTULO! En él abordaremos la importancia de la planificación diaria, el estudio interválico, los descansos y los pensamientos intrusivos.

14

PLANIFICACIÓN DIARIA Y PRODUCTIVIDAD: EL ARMA CONTRA LA DESCONCENTRACIÓN

TENIENDO TDAH, CRÉEME, PODRÍA ESCRIBIR UN LIBRO ENTERO SOBRE LO QUE ES VIVIR CON LA MENTE SALTANDO DE RAMA EN RAMA. Lo curioso es que muchos opositores, que antes eran personas concentradas, comienzan a sentirse raras cuando no logran fijar la vista más de 3 minutos en el temario. Me lo han dicho: «¿Y si tengo TDAH como tú?». Y, aunque entiendo esa duda, la mayoría de las veces la respuesta es no. Lo que tienes es algo muy común: tu cerebro simplemente está lidiando con un nivel de exigencia que no conocía.

Siempre han existido personas con más tendencia a distraerse, pero hoy mantener el foco resulta especialmente complicado. No es casualidad: **VIVIMOS EN LA ERA DEL ENTRETENIMIENTO INMEDIATO, DONDE TODO COMPITE POR CAPTAR NUESTRA ATENCIÓN.** Y aunque esto afecta a cualquier estudiante, en el contexto de una oposición —larga, exigente y, muchas veces, solitaria—, el impacto puede ser aún más profundo.

SERIES, VIDEOJUEGOS, REDES SOCIALES COMO INSTAGRAM O TIKTOK..., TODO ESTÁ DISEÑADO PARA CAPTAR NUESTRA ATENCIÓN Y OFRECERNOS DOPAMINA INMEDIATA.

Este capítulo tiene un objetivo claro: explorar formas prácticas y sostenibles para reducir la desconcentración y recuperar el control del estudio.

PLANIFICACIÓN DIARIA: LA CLAVE

Para combatir la desconcentración y aumentar la productividad, la planificación diaria es el arma más potente. Estudiar no consiste simplemente en sentarse y abrir el temario: necesitas **SABER CON PRECISIÓN QUÉ VAS A HACER EN CADA MOMENTO DEL DÍA.**

Esto es lo que yo llamo «cumplimiento en cadena»: cuando cumples con el tiempo asignado a un solo párrafo, es más fácil cumplir con el tiempo previsto para toda la página; si cumples página a página, avanzas en tu objetivo diario; si cumples los objetivos diarios, alcanzarás los semanales; y si cumples semana a semana, llegarás al objetivo mensual. Así, sin darte cuenta, estarás construyendo tu meta.

Ley de Parkinson

Una herramienta fundamental para esta organización es la Ley de Parkinson, que consiste en **ASIGNAR UNA TAREA CONCRETA A UNA HORA ESPECÍFICA.** Si te pones a estudiar lo que surja sin planificación, probablemente realizarás aproximadamente un 30 por ciento menos de lo que harías controlando tu tiempo (especialmente si eres una persona propensa a distraerte).

Si, por ejemplo, por la mañana trabajas y por la tarde estudias de 16.00 a 18.00, asigna cada franja horaria a una tarea específica.

EJEMPLO DE PLANIFICACIÓN (tomando como referencia un tema de segunda división o uno para el que necesites menos literalidad):

DE 16.00 A 16.30: carilla 1, tema 4.

DE 16.30 A 17.00: carilla 2, tema 4.

DE 17.00 A 17.30: repaso temita 3.

DE 17.30 A 18.00: repaso temita 2.

Te recomiendo que incluso controles lo que puedes hacer **CADA 5 MINUTOS:** a mí, por ejemplo, me daba tiempo de memorizar 1 o 2 párrafos.

ESTUDIO INTERVÁLICO: LA IMPORTANCIA DEL DESCANSO PROGRAMADO

SISTEMATIZAR LOS DESCANSOS ES FUNDAMENTAL. El cansancio es uno de los grandes enemigos de la productividad. Aunque creas que puedes continuar, forzar la máquina solo te llevará a perder el foco.

Para mantener la concentración y cumplir tus objetivos necesitas tres cosas: un **CRONÓMETRO** con cuenta atrás, un **ESQUEMA DE TIEMPOS** claro (que irás afinando con la práctica) y una **IDEA CLAVE: TÚ DEBES ADAPTARTE AL TIEMPO,** no al revés.

Te sugiero tres **FORMAS DE DISTRIBUIR EL DESCANSO ENTRE INTERVALOS DE ESTUDIO ACTIVO** para que seas más productivo y también te diré **PARA QUIÉN ES MEJOR** cada tipo de descanso.

LA VOZ DE LA EXPERTA

A diferencia de lo que a veces se dice por ahí —que no te engañen—, la forma en la que distribuyes estudio y descanso no es un método de estudio en sentido estricto, ni mucho menos. Escoger un tipo de organización u otro puede influir en tu rendimiento, claro, pero no va a ser algo determinante en los resultados finales de tu oposición.

Lo que de verdad marca la diferencia es la «Santa Trinidad»: **COMPRENSIÓN, MÉTODO DE MEMORIA VISUAL, MÉTODO DE SELLADO** y, por supuesto, **UNA PLANIFICACIÓN ESTRATÉGICA.** Todo lo demás suma, sí, pero es esta base la que realmente sostiene tu avance y te acerca, paso a paso, a la meta.

EL SISTEMA 50-10

Dentro de este sistema de estudio-descanso, la dinámica es sencilla: estudias durante 50 minutos, haces una pausa de 10 minutos, vuelves a estudiar otros 50 minutos y descansas otros 10. Después de completar este bloque de 2 horas, lo recomendable —según nuestra experiencia— es hacer un descanso más largo, de unos 30 minutos, antes de volver a empezar con el siguiente bloque, hasta el final de tu jornada de estudio.

¿A QUIÉN RECOMIENDO ESTE SISTEMA?

- **ESTUDIANTES ALGO DESCONCENTRADOS.** Este tipo de estudio por intervalos lo recomiendo especialmente para quienes tienden a distraerse con facilidad, algo bastante común. Al dividir el tiempo en bloques manejables, resulta más sencillo mantener la atención sin sentirse abrumado.

- **ESTUDIANTES QUE NO PROCRASTINAN EN EXCESO.** También es adecuado para personas que no tengan grandes dificultades con la procrastinación. Aunque 50 minutos pueden no parecer demasiado a simple vista, si tienes tendencia a postergar —por la razón que sea, algo que ya abordaremos en detalle en otro capítulo—, la idea de enfrentarte a casi 1 hora de estudio sin pausa puede resultar desmotivadora. En estos casos, el rechazo inicial a comenzar puede ser mayor, así que atención con esto.

EL SISTEMA POMODORO 25-5

En este sistema de estudio-descanso, estudias 25 minutos seguidos, descansas 5 minutos, continúas otros 25 minutos, descansas otros 5 minutos hasta que completas la hora y, si quieres seguir mi consejo, sería recomendable que hicieras 2 bloques de 1 hora, descansases 25 o 30 minutos y retomaras de nuevo el sistema 25-5 por bloques hasta el final de tu jornada.

¿A QUIÉN RECOMIENDO ESTE SISTEMA?

Estudiantes con buena capacidad de concentración o con tendencia a procrastinar, ya que al estar solo 25 minutos estudiando no se va a hacer demasiado pesado el estudio.

EL SISTEMA 90-20/30

En este sistema de estudio-descanso, estudias 90 minutos seguidos, descansas 20 o 30 minutos (según necesites) hasta finalizar la jornada de la que dispongas.

¿A QUIÉN RECOMIENDO ESTE SISTEMA?

Este tipo de sistema es recomendable para **PERSONAS DESPISTADAS O CON POCA CAPACIDAD DE CONCENTRACIÓN,** ya que permite que, durante esos 90 minutos, podamos estar algo más dispersos. Nos da margen para ir un poco más relajados y sin exigirnos una concentración máxima constante, precisamente porque el intervalo de estudio es más largo y flexible. Con «relajados» no quiero decir «dormidos», sino permitirnos no estar completamente al cien por cien.

¿Cómo deben ser los descansos entre bloques de estudio?

A veces, lo más importante no es cuánto trabajas, sino cómo aprovechas los descansos entre una tarea y otra. Algo tan simple como tumbarse, cerrar los ojos y relajar la mente puede marcar la diferencia, y si te ayuda, pon música suave que favorezca la calma. Lo que no recomiendo es usar el móvil: aunque parezca inofensivo, entrar a redes como Instagram o TikTok termina robándote el tiempo y dejándote más cansado que antes. **SI QUIERES RECUPERAR ENERGÍA Y FOCO, MEJOR DESCONECTAR DE VERDAD.**

LA CONCENTRACIÓN MEJORA CUANDO SABES QUE LO QUE HACES HOY CONSTRUYE TU META DE MAÑANA.

¡NOS VEMOS EN EL SIGUIENTE CAPÍTULO! En él veremos el superimportante tema de la planificación a largo plazo, abordando el control de los tiempos, viendo varios supuestos prácticos de planificaciones a largo plazo y finalizando con los pasos concretos para rellenarla. ¡Superútil!

15

PLANIFICACIÓN A LARGO PLAZO: EL ARTE DE HACER MALABARES CON LOS TEMAS

COMO YA TE HE CONTADO, TENGO TDAH. Mi mente es creativa… y caótica. Pero también soy una superviviente de los estudios, y por eso, con el paso del tiempo, me convertí en «doña planificaciones»: me di cuenta de que para mí organizarse no es una opción, sino una necesidad.

SIN EMBARGO, HUBO UNA ETAPA EN LA QUE DECIDÍ NO PLANIFICARME. ¿La razón? Sentía que, con mis propios puntos débiles, acabaría rompiendo cualquier planificación que hiciera. El resultado fue previsible: estudiaba completamente perdida, sin rumbo ni dirección, desperdiciando muchos días bajo la excusa de que aún quedaba mucho tiempo para el examen.

Cuando por fin decidí sentarme a organizarme de nuevo hasta la fecha del examen, me llevé un golpe de realidad: ese tiempo sin planificación había sido, en su gran mayoría, tiempo perdido. Por eso no quiero que a ti te pase lo mismo. En este capítulo, te doy un paso a paso muy exhaustivo —con ejemplos claros y realistas— para que sepas cómo planificarte desde ya, y puedas evitar caer en los mismos errores que yo.

> **Presentarte a un examen sin planificación es como viajar de Sevilla a Madrid sin GPS: podrías llegar, pero no sabes cuánto tiempo te llevará el viaje y darás rodeos inútiles.**

CONTROLA TUS TIEMPOS

ESTE ASPECTO ES FUNDAMENTAL PARA EMPEZAR A PLANIFICARSE. Si el tema ya lo has trabajado antes, aunque esté algo olvidado, **PUEDES MEMORIZAR UNA CARILLA TÉCNICA Y DETALLADA EN UNOS 30 MINUTOS.** Si partes desde cero, ese tiempo **PUEDE AMPLIARSE A UNOS 45-50 MINUTOS.** Esto no es una regla fija, pero sí una buena referencia.

También se debe tener en cuenta la literalidad con la que tengas que memorizar una carilla. Una carilla con un **NIVEL MEDIO-BAJO DE DETALLE** puede llevarte **UNOS 30 MINUTOS.** Si es bastante **LITERAL**, el tiempo oscila entre **40 MINUTOS Y 75 MINUTOS.** Para **UNIVERSITARIOS**, que generalmente no necesitan una memorización tan precisa, estos tiempos pueden reducirse hasta casi la mitad, incluso si aspiras a sobresalientes (te lo digo por experiencia).

En cuanto a repasar un temita de unas **6 CARILLAS** —leyéndolo y recitándolo línea por línea— puedes necesitar **ENTRE 30 MINUTOS Y 1 HORA.**

En exámenes tipo **MIR O PIR,** el nivel de literalidad no suele ser tan exigente como en otras oposiciones. Aunque son densos y complejos, al ser un tipo específico de test, puedes considerar que **LOS TIEMPOS NECESARIOS PARA MEMORIZAR SE PUEDEN REDUCIR NOTORIAMENTE.**

Sé que, a primera vista, estos tiempos pueden parecer exagerados, pero cuando lo veas en cifras y planificaciones reales —como las del próximo epígrafe— seguro que cambias de opinión.

¡OJO CON ESTO!

Cuidado con los discursos milagrosos. Circulan en las redes sociales muchos mensajes engañosos: gente que asegura memorizar 50 páginas en 1 hora y sacar un diez. **Esto es completamente falso.** Lo que no dicen es que antes han tenido que leer, subrayar, esquematizar en forma de mapa mental y, finalmente, memorizar el esquema en esa hora. Pero todo ese trabajo previo lleva mucho más tiempo, y para más inri, con estas técnicas deficientes se está muy lejos de sacar un diez.

También hay quienes proponen avanzar 100 páginas en 1 día, recitando, yendo párrafo, por párrafo... ¡pero, obviamente, eso es imposible! Casi no da tiempo ni a leerlo. ¿Cómo va a dar tiempo a memorizarlo literal? Muchos de ellos jamás han seguido ese ritmo ni han probado realmente su propuesta. Solo lanzan números al aire para llamar tu atención. No te dejes engañar: hasta ahora, que yo sepa, nadie es Lourdes para hacer milagros.

En este proceso no hay milagros: si quieres memorizar a fondo y con detalle desde hoy hasta el día del examen, no esperes atajos.

Para que compruebes desde el principio cómo es posible abarcar todo el temario de forma simultánea en un plazo razonable, te presentaré **EJEMPLOS PRÁCTICOS DE PLANIFICACIÓN.** En ellos aplicaremos una lógica casi matemática: tendremos en cuenta el número de horas semanales disponibles, el tiempo necesario para memorizar cada página (según se parta desde cero o con conocimientos previos), el tiempo destinado a repasos y, por supuesto, la extensión total del temario en folios.

EJEMPLOS DE PLANIFICACIONES

Ejemplo 1: Oposiciones grupo C

Las **OPOSICIONES DEL GRUPO C** suelen tener unas **1.000 PÁGINAS.** Este es el caso de oposiciones como Administrativo del Estado, Agente de Hacienda, Auxiliar de Enfermería, entre otras. Algunas comunidades autónomas pueden establecer extensiones mayores o menores, pero esta cifra sirve como medida orientativa.

Te cuento el caso de Raquel, que se prepara una oposición de nivel C cuyo examen será dentro de un año. Dispone de **25 HORAS DE ESTUDIO A LA SEMANA: ESTUDIA 3 HORAS AL DÍA** entre semana, y **EL FIN DE SEMANA LO COMPENSA CON UNA JORNADA MAYOR.** No empieza desde cero: ya trabajó la mitad del temario, aunque con muchas lagunas por falta de un estudio activo y malos o ineficientes repasos. La otra mitad la aborda como nueva. Su examen exige mucha literalidad.

PLANIFICACIÓN

- **ESTIMACIÓN DE TIEMPOS PARA MEMORIZAR EL TEMARIO POR PÁGINA:**
    - Temas desde cero y muy literales: 1 hora por página.
    - Temas ya estudiados, pero con lagunas: 30 minutos por página.
- **MEMORIZACIÓN DE LA MITAD DEL TEMARIO DESDE CERO:**
    - Horas disponibles por semana: 25.
    - Avance semanal: 25 páginas (1 hora por página).
    - Avance mensual: 100 páginas.
    - En 5 meses: 500 páginas nuevas memorizadas.
- **MEMORIZACIÓN DE LA OTRA MITAD DEL TEMARIO CON LAGUNAS:**
    - Misma disponibilidad: 25 horas/semana.
    - Avance semanal: 50 páginas (30 minutos por página).
    - Avance mensual: 200 páginas.
    - En 2,5 meses: 500 páginas consolidadas.
- **TOTAL DE PÁGINAS AVANZADAS:**
    - En 7,5 meses: 1.000 páginas (500 de tercera división y 500 de segunda división)
- **AÑADIR REPASOS SEGÚN LA CURVA DEL OLVIDO.** Aunque aquí el cálculo de repasos te lo estoy haciendo aparte para facilitar la visualización, deben incorporarse desde el principio, espaciados según la curva del olvido o su versión ampliada. En este caso, podríamos añadir unos 3 meses extra destinados a repasos, que, si sumamos los posibles

imprevistos, resultará que **EL TIEMPO TOTAL ESTIMADO** para completar el estudio y afianzarlo sería de **APROXIMADAMENTE 1 AÑO.**

SI EL EXAMEN SE ADELANTA, será necesario aplicar una estrategia de optimización del temario. En el siguiente capítulo te explico cómo adaptarte en ese caso.

Ejemplo 2: Oposiciones subgrupo A2

Desiré prepara una **OPOSICIÓN A2** de **1.300 PÁGINAS.** Estuvo 3 meses estudiando, pero no se acuerda de nada. El resto de los temas nunca los memorizó. Dispone de una jornada de aproximadamente 6 horas diarias, con un día de descanso semanal.

PLANIFICACIÓN

- **ESTIMACIÓN DE TIEMPOS PARA MEMORIZAR EL TEMARIO POR PÁGINA:**

Dado que el nivel de literalidad es alto y parte casi desde cero, he estimado un ritmo realista de 1 hora por página.

- **MEMORIZACIÓN DEL TEMARIO COMPLETO:**
    - Horas disponibles por semana: 36.
    - Avance semanal: 36 páginas.
    - Avance mensual: 144 páginas.
    - En 9 meses: 1.296 páginas memorizadas, cubriendo casi todo el temario de 1.300 páginas.
- **AÑADIR REPASOS SEGÚN LA CURVA DEL OLVIDO:** Aunque el cálculo de los repasos te los presento por separado en otro capítulo para mayor claridad, estos deben incorporarse desde el principio del proceso, con una estrategia basada en la curva del olvido o su versión ampliada.

Estimo que Desiré necesitará aproximadamente 4 meses para consolidar los repasos, y como persona humana que es, tendrá imprevistos cuya duración estimo en un mes en todo el año. Así que vamos a suponer unos 5 meses extra con los repasos incluidos.

DURACIÓN TOTAL ESTIMADA DEL PROCESO: 9 meses de avance + 5 meses de repaso = 1 año y 2 meses.

Ejemplo 3: Oposiciones subgrupo A1

Las oposiciones de este subgrupo tienen una extensión del temario de entre **1.500 Y 3.000 PÁGINAS** y la duración estimada de **1 AÑO A 2,5 AÑOS** (estos son cálculos matemáticos reales, sin tener en cuenta grandes imprevistos). La duración dependerá de las horas disponibles, el ritmo personal y la dificultad del contenido.

Si tienes una oposición de ingeniería, derecho, medicina o cualquier A1, puedes basarte en los dos ejemplos anteriores para calcular cuánto tardarías en memorizar todo tu temario, ya que sería la misma lógica.

A continuación, te indico ejemplos muy específicos de oposiciones del grupo A.

- **OPOSICIONES EN MAGISTERIO**

En **MAGISTERIO**, el temario suele estar compuesto por **25 TEMAS**, con una media de **10 A 12 PÁGINAS POR TEMA**, lo que equivale a un total aproximado de 250 a 300 páginas.

En **SECUNDARIA**, el temario oficial consta de **72 TEMAS** de extensión similar, pero la mayoría de los opositores opta por **PREPARAR A FONDO ENTRE 30 Y 40 TEMAS**, lo que supone un total efectivo de unas 300 a 400 páginas.

La duración estimada del proceso completo depende de la disponibilidad horaria que tenga el opositor, por lo que la preparación completa puede durar entre 5 y 9 meses. Este rango contempla tanto el estudio y la memorización del temario como los repasos y la preparación de la totalidad de las pruebas (el desarrollo, el práctico, la unidad didáctica y la programación didáctica). Puedes calcular exactamente tu planificación con los ejemplos que te puse anteriormente.

- **MIR, PIR, Y SIMILARES**

Este tipo de oposiciones tiene temarios extensos alrededor de 3.000 páginas, pero no exigen la misma literalidad que, por ejemplo, en notarías, por lo que se tarda menos en memorizar todo. Considerando esto, puedes hacer el cálculo como te expliqué teniendo en cuenta que la duración por carilla podría ser de 30 minutos y por repaso de temita, entre 30 minutos y 1 hora.

Además, este tipo de oposiciones suelen tener temarios que no son cerrados. Mi recomendación para estos casos es tener un temario base con principio y fin para poderte planificar, y luego, si quieres, puedes ampliar en áreas específicas.

Ejemplo 4: Universitarios

En el caso de los universitarios, la planificación a largo plazo siempre **DEPENDERÁ DEL TIPO DE CARRERA** que estés estudiando. Sin embargo, te daré un ejemplo orientativo para que puedas hacer tus propios cálculos.

Supongamos que tienes que preparar unos **500 FOLIOS NETOS** (sé que brutos pueden ser muchos más) de cara a la convocatoria de mayo.

Esta cifra puede variar, pero nos servirá como base. Si consideramos que cada página requiere, de media, **UNOS 30 MINUTOS DE ESTUDIO**, y estudias todas las tardes en la época de exámenes, el avance puede ser bastante sólido.

Imagina que estudias **6 DÍAS POR SEMANA** y que cada día logras estudiar bien **15 PÁGINAS.** Eso suma **90 PÁGINAS POR SEMANA.** En un mes estarías alcanzando unas 360 páginas, y en apenas **MES Y MEDIO** ya habrías cubierto las 500 que necesitas, incluyendo los días dedicados a los repasos, que serán unos 4 o 6 días por cada mes. Además, ten en cuenta que en la universidad todos los exámenes se concentran en unas 3 semanas y el tiempo entre cada uno de ellos es de 2 o 3 días. Así que tienes que aprovechar estos para repasar cada asignatura justo antes del examen.

Yo en la facultad no iba a clase (salvo los dos primeros años por socializar), ya que, al tener TDAH, nunca prestaba atención. Me presentaba en junio con todas las asignaturas, sin ir a los parciales; aun así, saqué todo sobresalientes y matrículas con el mismo método que te estoy contando, así que, si yo pude, ¡tú puedes!

CÓMO RELLENAR UNA PLANIFICACIÓN A LARGO PLAZO

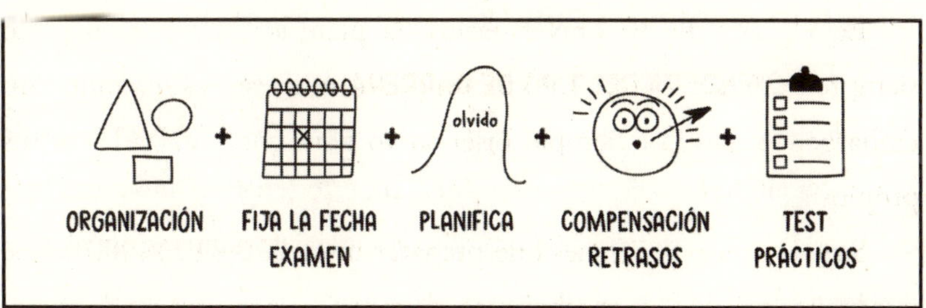

Paso 0: Antes de ponerte a planificar

Antes de ponerte a planificar a lo loco, debes tener muy clara la organización de todo tu temario, como vimos al inicio del libro con el inventario. No se trata de repartir temas al azar sin ton ni son. Hay que aprender a priorizar.

Paso 1: Fija la fecha aproximada de tu examen

Aunque no sea la fecha oficial, necesitas un horizonte para poder organizarte. Cuando tengas la fecha definitiva, ya podrás ajustar la planificación. Usa un planificador que abarque todo ese tiempo: puede ser físico o digital, da igual, siempre que te permita visualizar bien el tiempo.

Paso 2: Reserva desde el principio un día de descanso a la semana

Esto no es negociable. Ese día no se estudia. Descansar no es un lujo, es una necesidad. Siempre digo que los opositores podemos ser como Ferraris con las ruedas pinchadas (salud mental), y no avanzaremos por muy bueno que sea el motor (tu memoria).

Paso 3: Empieza a planificar avances y repasos según la curva del olvido

En el primer mes, como tu memoria aún no está entrenada, los repasos deben ser más frecuentes; por ello, debes respetar los plazos de la ciencia en sentido estricto. Después, cuando tengas la memoria más ejercitada, podrás empezar a espaciar los repasos algunos días extra, como te conté en el capítulo de los repasos.

- **PRIMER REPASO:** A los **7 DÍAS** de haber fijado, recitando el temita entero. Si lo estudiaste el día 1 del mes, deberías repasarlo el día 7 u 8.
- **SEGUNDO REPASO: 14 DÍAS** después del primero, es decir, sobre el día 21 o 22 del mismo mes.
- **TERCER REPASO:** Tendrás que sumar **21 DÍAS** desde el segundo repaso. Esto te situará alrededor del día 11 o 12 del mes siguiente.
- **CUARTO REPASO:** A partir de aquí, realiza un repaso mensual, es decir, **CADA 30 DÍAS.** Por ejemplo, si el tercer repaso fue el 12 de junio, el siguiente será el 12 de julio, y así sucesivamente hasta el examen.

Por tanto, una vez estudiado el tema el día 1 de enero, por ejemplo, lo tendrías que repasar el día 8 de ese mismo mes, y otra vez el día 22. El siguiente repaso sería el día 12 de febrero y, a partir de ahí, lo repasarás el día 12 de todos los meses hasta la fecha del examen. Verás que en cada repaso tardarás menos que en el anterior (pese a haber pasado más tiempo) y encima notarás el tema mejor fijado. **HAZ LO MISMO CON TODOS LOS TEMAS.**

Paso 4: Si ves que sueles incumplir, deja días de compensación para retrasos

Por ejemplo, si cada semana fallas un día entero o varias horas, puedes reservar un día para recuperar. Pero cuidado: no lo uses como excusa para dejarte llevar. Ese día extra es solo para imprevistos reales, no para cuando no te apetece estudiar.

Paso 5: Incluye en tu planificación tiempo específico para test, simulacros y prácticos

Puede ser 15 minutos al día o 1 hora a la semana, o incluso 2 según tu situación. Y si vas a una academia o tienes clases con un preparador, incluye también ese tiempo: no es adicional, es parte de tu jornada.

¡OJO CON ESTO! No quiero que te estreses con una planificación tan rígida. Yo incumplí un montón a causa de mi TDAH, el insomnio, la ansiedad... Aun así, saqué muy buenas notas en una oposición dura y con poco tiempo de preparación.
Por otra parte, mis alumnos han pasado por todo: hijos, enfermedades, rupturas, jornadas laborales eternas, ansiedad, duelos... Y aun así, han aprobado. Eso sí, cuando se caían, cogían fuerzas para levantarse y eran bastante constantes.

Si ellos han podido, tú también. Y si uno o varios días **INCUMPLES, INTENTA RECUPERARLOS** en esa semana. Si no puedes, irás acumulando retrasos y, cuando veas que ya son muchos, replanifica.

¡NOS VEMOS EN EL SIGUIENTE CAPÍTULO! En él te contaré cómo memorizar todo el temario con muchísimo detalle las semanas antes del examen y qué pasa si, a pesar de tus esfuerzos, no alcanzas tus objetivos. Porque sí, incluso en esos casos, hay estrategia. ¡Nos vemos ahora, memorión!

16

PLANIFICACIONES FINALES: EL PUZLE COMPLETO

PREPARAR UNA OPOSICIÓN ES COMO ESCALAR UNA MONTAÑA ENORME CON NIEBLA ESPESA. Durante el ascenso, hay momentos en los que parece que no estás avanzando, que cada paso cuesta el doble y que no se ve la cima por ninguna parte. Es un proceso agotador, y muchas veces te preguntas si vale la pena seguir subiendo. Pero las montañas más duras son también las que tienen las vistas más extraordinarias.

Y lo más curioso es esto: **NO IMPORTA TANTO CUÁNTAS VECES TE HAYAS TROPEZADO DURANTE EL CAMINO, SINO CÓMO LLEGAS AL ÚLTIMO TRAMO.** Porque, a veces, cuando todo parece perdido, un último impulso, una última semana bien rematada, puede ser lo que marque el buen destino de tu oposición.

QUÉ HACER CUANDO NO LLEGAS CON TODO EL TEMARIO

No solo eres tú el que no logras meter todo el temario en la planificación: si tienes muchos temas y la fecha de tu examen está demasiado próxima, es lo más normal del mundo.

TE VOY A CONTAR EL CASO DE UNA ALUMNA CON EL QUE TE PUEDES SENTIR IDENTIFICADO. Erica se preparó para la oposición de Administrativo de la Seguridad Social 2024-2025 en solo 6 meses, trabajando y con dos hijas. *A priori*, parecía imposible que pudiera abarcar todo el temario desde cero, pero tras analizar bien sus tiempos, vimos que podía llevar un 70 por ciento muy bien preparado. Para el 30 por ciento, aplicamos una estrategia diferente que te voy a contar: **AUNQUE NO SIEMPRE SE LLEGA CON TODO, CON UNA BUENA OPTIMIZACIÓN DEL TEMARIO Y LA PLANIFICACIÓN, ES POSIBLE LOGRAR EL OBJETIVO.**

Cuando el tiempo no alcanza, lo primero es aceptar que no se trata de abarcarlo todo, sino de hacerlo estratégicamente. Si ni ampliando la curva del olvido logras avanzar todos los temas que quieres, en un **TEST**, puedes incluso eliminar temas con muchas páginas y pocas preguntas. A veces no compensa ni leerlos. Y si decides estudiarlos, hazlo con **PALABRAS CLAVE.** No pierdas tiempo resumiendo: subraya lo esencial mientras lo memorizas activamente, aunque solo sea el 50 por ciento de la página. Yo lo hice así muchas veces, creando pequeñas «películas mentales» solo de la parte que había seleccionado.

En un **EXAMEN DE DESARROLLO,** el recorte exige más sutileza. Puedes complementar unos temas con otros: incluye en el tema artículos de leyes que ya dominas o conceptos entrelazados que has estudiado en temas anteriores. Si no puedes hacer estas integraciones, usa **BREVES RESÚMENES ESTRATÉGICOS DE CIERTAS PARTES.** Por ejemplo, en un tema concreto, estudia el 70 por ciento de forma completa, y el restante 30 por ciento desarróllalo de forma resumida para que el tribunal no pueda entender que lo has obviado en su totalidad. Mejor mencionado aunque sea brevemente que omitido por completo.

Te recomiendo que añadas aproximadamente **2 PÁRRAFOS POR CARILLA DE TEMAS YA ESTUDIADOS.** Si cada una de estas tiene unos 6 párrafos y el tema de 10 páginas lo he reducido a 7 páginas, esos 14 nuevos párrafos que le añado de temas ya estudiados equivaldrían a unas 2,5 carillas. Por ejemplo: si has estudiado 7 de las 10 páginas que tenías previstas, y a estas les sumas esas 2,5 carillas, el tema se te quedaría en 9,5 páginas.

¡OJO CON ESTO! No se trata de añadir epígrafes enteros —nadie es tonto—. La idea es incorporar con sutileza contenido que ya dominas, para dar cuerpo al tema sin que se note. Se trata de ampliar, no de rellenar.

Y SI NO TE DA TIEMPO NI SIQUIERA A MEMORIZAR POR PALABRAS CLAVE, PUEDES DEJAR ALGUNOS TEMAS SOLO LEÍDOS O REFORZADOS CON TEST, si tus exámenes son de este tipo. No es lo ideal, pero una buena lectura intensiva los días previos al examen puede salvarlo, especialmente si eres una persona lógica y concentrada.

PLANIFICACIÓN ANTES DEL EXAMEN: TODO A LA VEZ, TODO AL FINAL

Este es el momento en el que realmente empezarás a sentir que manejas el conjunto del temario. El mes previo al examen estará dedicado por completo a repasar todo lo ya trabajado.

ESTE ÚLTIMO MES ES CLAVE PORQUE DOMINARÁS TODO EL TEMARIO POR IGUAL, desde el primer al último tema antes del examen, siempre respetando los plazos de la curva del olvido.

Cuándo empezar el repaso antes del examen

El momento ideal para iniciar el repaso final **DEPENDE DEL TIPO DE EXAMEN:**

Para uno tipo **TEST,** como máximo tienes que empezar a **REPASAR ENTRE 20 Y 30 DÍAS ANTES,** siempre que los temas tengan al menos cinco repasos. La curva del olvido indica que, pasados 30 días, un tema con solo cuatro repasos corre un alto riesgo de ser olvidado, por lo que es fundamental que estén bien consolidados si se deja tanto margen.

En el caso de los **EXÁMENES DE DESARROLLO COMO MÁXIMO,** tendrías que comenzar **ENTRE 15 Y 21 DÍAS ANTES,** ya que requieren una redacción fluida y precisa, lo que implica que la información debe estar más reciente en la memoria.

Si se trata de una **PRUEBA ORAL,** conviene repasar como máximo **15 DÍAS ANTES Y, PREFERIBLEMENTE, DENTRO DE LA ÚLTIMA SEMANA.** Este tipo de examen exige una exposición clara y segura, posible únicamente si el contenido ha sido revisado recientemente.

Cómo planificar el último mes

Empieza por organizar los temas según la cantidad de repasos previos que tengan, y colócalos estratégicamente. Comienza por los más consolidados (con más repasos) y deja para los días previos aquellos poco repasados para que queden más frescos para el día del examen.

Por ejemplo, empieza con los temas con cuatro repasos, y deja para los 2 o 3 últimos días aquellos temas que solo tienen uno o ningún repaso.

LA VOZ DE LA EXPERTA

> No organices los repasos en función de lo importante que creas que es el tema. Por muy relevante que sea, si tiene muchos repasos puede mantenerse sólido durante semanas. En cambio, un tema con un solo repaso, si lo estudias por última vez 1 mes antes del examen, llegará completamente olvidado.

ES FUNDAMENTAL DEJAR UN MARGEN REALISTA PARA POSIBLES RETRASOS. A lo largo del año, si pierdes algún día, es más fácil reorganizar la planificación sin grandes consecuencias, pero en el último mes cada día cuenta.

Si **INCUMPLES** la planificación con frecuencia, y el último mes o la última semana, pierdes 1, 2 o 3 días (que en realidad tampoco es mucho) podrías verte obligado a aumentar drásticamente las horas de estudio del resto de los días para compensar el incumplimiento o a dejar temas sin repasar. También es importante reservar tiempo para hacer simulacros. En exámenes tipo **TEST,** lo ideal es **RESOLVERLOS POR COMPLETO Y CENTRARSE EXCLUSIVAMENTE EN TEST OFICIALES.** Para los de **DESARROLLO,** tanto oral como escrito, lo más eficaz es practicar la exposición en voz alta mientras repasas.

Cómo se deben repasar los temas

La forma más eficaz de hacer este último repaso es de manera activa (lo ha dicho la ciencia mil veces): **TIENES QUE REPASAR LEYENDO Y RECITANDO,** no solo leyendo de forma pasiva. Este es el repaso más importante de todo el proceso, por lo que requiere la mayor concentración posible y que estudies de forma activa. **SI DURANTE EL AÑO YA HAS ESTUDIADO RECITANDO, ESTE ES EL MOMENTO DE DEJAR PERFECTO EL TEMA RECITÁNDOLO TAMBIÉN.** En cambio, si solo hiciste repasos leídos o con esquemas, no te aconsejo recitar los temas porque no te va a dar tiempo.

Hay algunas personas que recomiendan **HACER «VUELTAS RÁPIDAS» PORQUE SUPUESTAMENTE NO TE DA TIEMPO A RECITAR TODO, PERO ES FALSO.** Si durante el año recitas los temas, en el último mes te va a dar tiempo a hacerlo también bien. Haciendo vueltas rápidas en el último mes vas a conseguir pasar superficialmente por los temas.

Algunos de nuestros alumnos me han confesado que no les dio tiempo (por imprevistos) a recitar en el último repaso y aun así lograron aprobar, pero el hecho de no hacer recuerdo activo hizo que algunas preguntas las contestasen con muchas dudas a pesar de tener los temas muy claros durante el año. Si estás en esta situación, al menos asegúrate de realizar una buena lectura final con muy pocos días de antelación para mantener los temas frescos en la memoria.

El día antes del examen

Aunque lo ideal sería descansar, desgraciadamente no siempre es posible. Si tienes que repasar el día previo, hazlo de forma selectiva y estratégica. **EMPIEZA REVISANDO LOS DATOS QUE MÁS TE HAN COSTA-**

DO MEMORIZAR DE TEMAS QUE NO REPASAS DESDE HACE 3 SEMANAS O 1 MES.

Si el examen incluye preguntas tipo test, **REVISA LAS PREGUNTAS DE SIMULACROS OFICIALES,** centrándote solo en aquellas importantes que hayas fallado antes. También puedes **REVISAR EL ORDEN DE LOS PÁRRAFOS** si ha sido un punto débil.

Haz una **LECTURA RÁPIDA DE LOS TEMAS** que no has tenido tiempo de repasar durante ese mes por imprevistos. Lo ideal sería recitar, pero algunas veces no da tiempo.

DETÉN EL ESTUDIO AL MENOS 2 O 3 HORAS ANTES DE DORMIR. Necesitas desconectar para descansar. Prepara todo lo necesario (documentos, bolígrafos, ropa, etc.) para evitar preocupaciones que literalmente te quiten el sueño.

La oposición es una experiencia que solo puede comprender quien la ha vivido, pero si has seguido una estrategia coherente y constante, respetando el funcionamiento de tu memoria, puedes confiar: has hecho tu parte y estás preparado para dar lo mejor de ti.

¡NOS VEMOS EN EL SIGUIENTE CAPÍTULO! En él, una vez que ya tenemos claro cómo memorizar, repasar y planificar, abordaremos la estrategia para enfrentarnos a una modalidad de examen muy habitual tanto en las oposiciones como en la universidad: el examen tipo test.

17

EXÁMENES TIPO TEST

La modalidad de los exámenes tipo test, no sé qué tiene, pero nunca fue mi fuerte. Y mira que, en principio y de forma general, suelen parecer más sencillos que los exámenes de desarrollo oral y escrito, pero créeme que, para dominarlos a la perfección, hay que ser estratega. Y precisamente para eso estoy aquí.

Durante la universidad y también en la oposición, cada vez que tenía un examen tipo test delante sentía una incomodidad especial. Era como si esa modalidad no fuera lo mío, como si no fuera a lucirme. En cambio, con los exámenes de desarrollo, ya fueran escritos u orales, la sensación era completamente distinta. Me permitían desplegar lo aprendido con más libertad y profundidad, y eso me generaba total seguridad. En ese tipo de exámenes sí me sentía en mi salsa, para qué negarlo.

Pero no te confundas, **EN ESTA VIDA TODO LO QUE PARECE DIFÍCIL NO ES MÁS QUE UN RETO QUE PERFECTAMENTE SE PUEDE SUPERAR.** Por eso, pese a esa dificultad inicial con los test, acabé obteniendo lo equivalente a un 8,75 en esta modalidad de examen en la oposición de Judicaturas. No fue por azar ni por un giro de suerte, sino porque entendí que rendir bien en un test no depende solo de cuánto sabes, sino de cómo te preparas y gestionas la información.

El enfoque, la técnica y la estrategia marcan la diferencia a la hora de aprobar cualquier examen, y cómo no, también en los de tipo test.

Por eso es clave no solo memorizar de manera eficaz, sino adaptar el estudio a la naturaleza de cada examen. **COMPRENDER CÓMO FUNCIONA TU MENTE ANTE DISTINTOS FORMATOS TE PERMITE SACAR EL MÁXIMO RENDIMIENTO A TU PREPARACIÓN.** La seguridad no siempre viene del tipo de examen que más te gusta, sino del método y la estrategia global con el que lo enfrentas.

¡OJO CON ESTO!

Empiezo explicando esta modalidad porque está presente en la mayoría de las oposiciones del sistema español. Si en tu caso solo debes centrarte en uno o dos de los tres tipos de examen, puedes saltarte los capítulos irrelevantes y enfocarte en lo que realmente necesitas aprender.

LOS EXÁMENES TIPO TEST ESTÁN MUY PRESENTES EN EL MUNDO DE LAS OPOSICIONES. En la mayoría de las **OPOSICIONES C1 Y C2 ES LA MODALIDAD PREDOMINANTE,** y en otros casos, como ocurre en Judicaturas, Letrados de la Administración de Justicia o Gestión de la Seguridad Social, el test es el primer examen dentro de un proceso más amplio. También está muy presente en exámenes de diversas carreras o en exámenes como el MIR o el PIR. Por eso, es clave conocer la estrategia específica que exige este formato, tanto en la fase de estudio como en el momento del examen.

FASE DE ESTUDIO: CÓMO ENFOCARLO ESTRATÉGICAMENTE

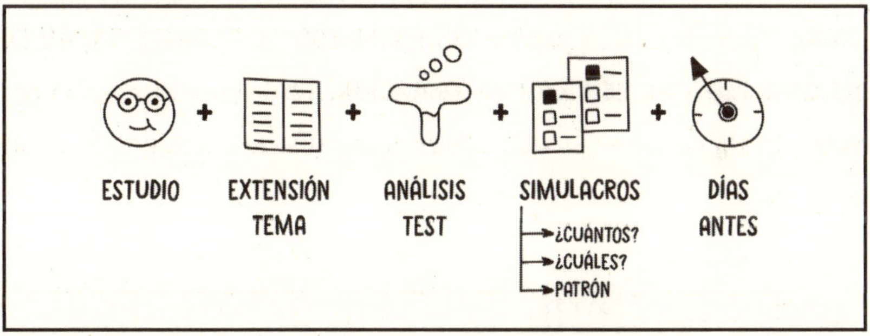

ESTUDIO + EXTENSIÓN TEMA + ANÁLISIS TEST + SIMULACROS + DÍAS ANTES

SIMULACROS
→ ¿CUÁNTOS?
→ ¿CUÁLES?
→ PATRÓN

Estudio para un test: Cómo estudiarlos y la mentalidad que es importante que tengas

La mentalidad correcta para afrontar estos exámenes en las oposiciones es **ESTUDIARLOS CASI CON EL MISMO RIGOR MEMORÍSTICO QUE OTROS TIPOS DE EXÁMENES.** No sirve memorizar solo palabras clave si quieres destacar entre tus competidores: **DEBES APLICAR A FONDO LOS MISMOS PASOS QUE USARÍAS PARA UNO DE DESARROLLO ESCRITO U ORAL.**

¡OJO CON ESTO! Los tribunales suelen exigir **precisión absoluta en los detalles:**

- «La ley regulará» no es lo mismo que «podrá regular».
- Hay diferencia entre día natural y día hábil.
- Cambiar o eliminar un adjetivo puede alterar por completo el sentido de la pregunta o la respuesta («forma del Estado» *vs* «forma política del Estado»).

Si tan solo te limitas a «enganchar» términos sueltos, te arriesgas a fallar en detalles esenciales y a no alcanzar la nota de corte. **MANTÉN LA MISMA INTENSIDAD, RIGOR Y LITERALIDAD QUE EN LOS DEMÁS EXÁMENES:** la seguridad en el test depende de tu preparación más que de la suerte.

Recuerda que una oposición es una concurrencia competitiva; no se trata de hacerlo más o menos bien, sino de destacar, de superar al resto, tienes que prepararte para ganar.

La extensión del tema: posiblemente la peor pega de los exámenes tipo test

Uno de los principales inconvenientes de los exámenes tipo test es la amplitud de los temas. A diferencia de los exámenes de desarrollo, donde es más viable acotar la extensión del tema en función del tiempo disponible, en un test pueden preguntarte cualquier detalle relacionado con la materia.

ESTO SE NOTA ESPECIALMENTE EN OPOSICIONES DE LOS GRUPOS C1 Y C2. Aunque el número total de temas pueda parecer reducido, el volumen de todos ellos juntos puede rondar fácilmente las 1.000 páginas, ya que algunos temas alcanzan o superan las 50 páginas. Esto nos obliga a preparar todo el contenido con precisión, sin dejar espacio alguno para eliminar partes que podrían ser preguntadas de forma objetiva. Por tanto, la clave está en enfocar el estudio siempre de la forma más estratégica.

Estudio estratégico: análisis del test

Si te enfrentas a una oposición con examen tipo test, una de las herramientas esenciales será el **ANÁLISIS DE TEST** de convocatorias anteriores. Esto te permitirá identificar cuáles son los temas de los que más preguntan y cuáles de los que menos para poder abordar el estudio de forma estratégica.

Una vez tengas esta información podrás **REORGANIZAR EL ORDEN DE ESTUDIO,** priorizando los temas más recurrentes en las preguntas y dejando para más adelante aquellos que se preguntan con menor frecuencia, tal como comentamos anteriormente en el capítulo específico del inventario.

Simulacros

Realizar simulacros de test es fundamental, tanto para medir tu progreso como para familiarizarte con el estilo de las preguntas. **ACOSTUMBRARTE A CÓMO SE FORMULAN PUEDE MARCAR UNA GRAN DIFERENCIA, YA QUE MUCHAS VECES ES EL PROPIO ENUNCIADO EL QUE VA A DETERMINAR SI ACIERTAS O FALLAS.**

¡TOMA NOTA!

Mis recomendaciones principales para realizar simulacros de exámenes tipo test son las siguientes:

- **FRECUENCIA. Haz un test cada vez que termines un tema completo, incluso si incluye varios apartados.** Intenta hacerlo fuera del bloque principal de estudio para no interrumpir tu proceso de memorización. En general, con **una o dos sesiones semanales de unos 30 minutos puede ser más que suficiente.**

- **FUENTES. Utiliza test oficiales de tu propia oposición siempre que sea posible.** Son la mejor referencia para identificar qué contenidos suelen priorizar los tribunales y cómo suelen plantear las preguntas, algo que es especialmente importante. También puedes apoyarte en exámenes de oposiciones similares, ya que a menudo se «reciclan» preguntas o estructuras. **No olvides marcar, por ejemplo en rojo, las preguntas que falles y revisarlas en tus repasos.**

- **PATRÓN DE PREGUNTAS:** Al practicar con test oficiales, deberás sacar un «patrón de preguntas», que determinará no solo el **qué**, sino el **cómo** de la pregunta test en cuestión; **por ejemplo, preguntas sobre** «cuáles de las siguientes no es verdadera», o sobre órganos competentes, mayorías, cómputo de los plazos, entre otras. Tendrás que analizar la casuística de tu oposición concreta.

Recta final antes del examen: la estrategia

La recta final puede ser una fase clave para tu éxito o tu fracaso. Primero debes saber que es muy recomendable **HACER TEST OFICIALES** en esta fase final. Te ayudarán a mantener fresca la lógica con la que suelen formular las preguntas los tribunales y te permitirán entrenar la agilidad mental para el día del examen.

ES IMPORTANTE QUE SEPAS QUE EL REPASO FINAL DE CADA TEMA NO DEBERÍA ESTAR A MÁS DE 1 MES DE LA FECHA DEL EXAMEN. Si pasa más tiempo, es muy probable que pierdas precisión al responder.

SI NO TE HA DADO TIEMPO A REPASAR ALGÚN TEMA, DÉJALO PARA LOS ÚLTIMOS 3 DÍAS. Puedes darle una lectura rápida (menos recomendable) o fijarlo con técnicas como ganchos y matrioskas, que te ayudarán a retener lo esencial en poco tiempo.

Pero respecto a esto último, es importante que te precise que si vas justo de tiempo, **ES PREFERIBLE REFORZAR LO QUE YA HAS ESTUDIADO QUE INTRODUCIR TEMAS NUEVOS.** Si has seguido una planificación estratégica, los temas menos importantes los habrás dejado para el final, así que no será absolutamente relevante que no los lleves para el examen.

FASE DÍA DEL EXAMEN: CÓMO ENFOCARLO COMO UN BUEN ESTRATEGA

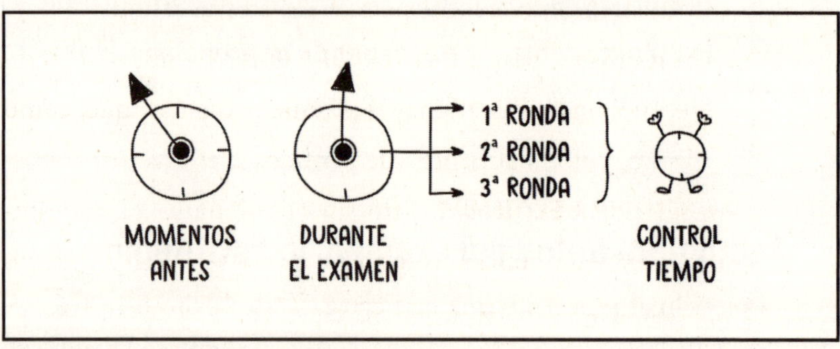

MOMENTOS ANTES DEL EXAMEN. ¡Ha llegado el día! Primero, **LLEGA AL EXAMEN DESCANSADO, BIEN ALIMENTADO Y TRANQUILO.** Aunque parezca obvio, **TU ESTADO FÍSICO Y MENTAL INFLUYE DIRECTAMENTE EN EL RENDIMIENTO.** Evita hablar con otros opositores justo antes de entrar; los nervios ajenos pueden afectarte, y esto es precisamente lo último que necesitas.

DURANTE EL EXAMEN, organiza tu **TRABAJO POR RONDAS:**

- **PRIMERA RONDA:** Lee cada pregunta con calma, verbalizando, subraya las palabras clave y asegúrate de entender bien lo que se pide. Visualiza lo que se te pregunta, porque ahí va a estar. **RESPONDE SOLO AQUELLAS QUE SABES CON TOTAL SEGURIDAD.** Marca las respuestas cuidadosamente en la hoja, verificando el número de preguntas para evitar errores.

- **SEGUNDA RONDA:** Vuelve a las **PREGUNTAS DUDOSAS**. Reflexiona con calma y responde solo si tienes una certeza razonable. Evita lanzarte si dudas mucho.
- **EVALÚA TUS PUNTOS:** Si tras la segunda ronda crees haber alcanzado la nota de corte, **NO ARRIESGUES MÁS**; en la mayoría de los exámenes tipo test, los errores restan.
- Si no llegas, pasa a una **TERCERA RONDA** y responde todo lo que puedas: ya no hay nada que perder, así que, como se dice coloquialmente, «de perdidos al río».
- **CONTROLA EL TIEMPO,** pero sin obsesionarte. Si has estudiado bien y aplicas la estrategia que te he dicho, el tiempo suele ser suficiente.

SI SIGUES TODOS ESTOS CONSEJOS, TANTO EN LA FASE DE ESTUDIO COMO EN LA FASE DE EXAMEN, ¡NO HABRÁ TEST QUE SE TE RESISTA!

¡NOS VEMOS EN EL SIGUIENTE CAPÍTULO! En él te explicaré la estrategia completa para abordar **UN EXAMEN DE DESARROLLO ESCRITO,** tanto en la fase de estudio como al realizar el examen, para que esta modalidad sea literalmente pan comido.

18

EXÁMENES DE DESARROLLO ESCRITO

UNA VEZ HEMOS HABLADO DE LOS TEST, ECHEMOS UN VISTAZO A LOS EXÁMENES DE DESARROLLO. Me apuesto lo que quieras, y seguro que no lo pierdo, que si alguna vez has tenido un examen de desarrollo, se te ha pasado por la cabeza la irremediable reflexión que he oído a todos mis alumnos alguna vez: «¡Dios mío!, ¿cómo voy a ser capaz de exponer párrafo a párrafo por orden sin olvidarme de ninguno?».

Pues no te preocupes, que alumnas como Virginia pensaban lo mismo y sacó la nota número 1 de su tribunal de oposición en este tipo de examen. ¡Casi nada!

FASE DE ESTUDIO: CÓMO MEMORIZAR

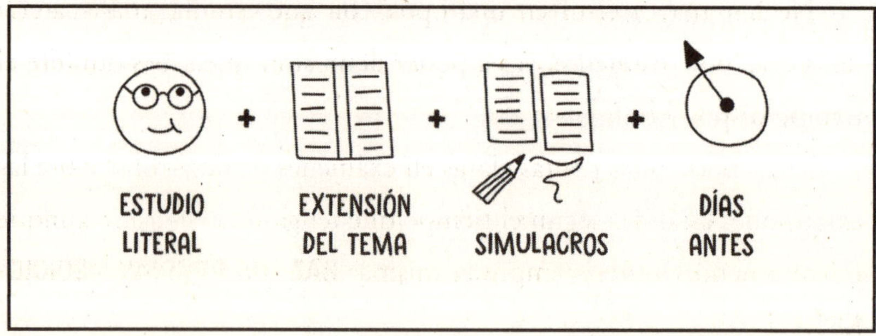

Literalidad exhaustiva: tanto en símbolos como en recitado

En un examen de oposición, siempre recomiendo ser lo más estricto y riguroso posible. Ahora bien, cuando se trata de un examen de desarrollo, ese nivel debe ser aún mayor. **LA SIMBOLIZACIÓN TIENE QUE SER COMPLETAMENTE EXHAUSTIVA Y, SI LA MATERIA ES JURÍDICA, NI SE TE OCURRA ESTUDIARLA «CON TUS PROPIAS PALABRAS»**. Ni por asomo.

AL TRIBUNAL LE ENCANTAN LOS DATOS PUROS: fechas exactas, nombres de leyes citados con precisión milimétrica... Ese tipo de detalle transmite una sensación muy sólida de dominio del temario. Así que no escatimes: **INCLUYE TODO LO QUE REFUERCE TU AUTORIDAD SOBRE EL CONTENIDO.**

Y cuando recites, por favor, **ASEGÚRATE DE HACERLO DE FORMA CLARA Y ORDENADA, PALABRA POR PALABRA,** cerciorándote de que no se te quede nada en el tintero. Todos y cada uno de los matices cuentan, y la literalidad, en este contexto, puede llegar a ser el que marque la diferencia.

La extensión del tema, siempre adaptada al tiempo

No hay mayor error en una oposición que estudiar más materia de la que, objetivamente, vas a poder demostrar que sabes durante el tiempo disponible.

Voy a darte unas pautas claras en exámenes de desarrollo sobre las extensiones estándar según el tiempo que tengas para escribir, aunque mi recomendación es siempre la misma: **HAZ TUS PROPIAS MEDICIONES.**

MEDICIONES ESTÁNDAR (DE REFERENCIA)

Para que tengas una base aproximada, ten en cuenta lo siguiente: **1 CARILLA DENSA** (escrita a ordenador, con letra tamaño 11 y unas 28-30 líneas) suele requerir unos **10 minutos** de redacción. Partiendo de esta base:

TIEMPO PARA DESARROLLAR EL TEMA	EXTENSIÓN
1,5 HORAS	8 CARILLAS DENSAS
2 HORAS	10 CARILLAS DENSAS
2 HORAS PARA DESARROLLAR 10 EPÍGRAFES	CADA EPÍGRAFE = 1 CARILLA DENSA, 1,5 COMO MÁXIMO

CÓMO HACER TUS PROPIAS MEDICIONES

- Usa un **TEMPORIZADOR** con el tiempo exacto que te dan para redactar el tema.
- Empieza a escribir **LO MÁS RÁPIDO POSIBLE,** pero siempre cuidando la letra y la ortografía, con un tema que domines bien.
- Una vez finalizado el tiempo, mide **CUÁNTAS PÁGINAS** te ha dado tiempo a escribir.
- **AÑADE COMO MUCHO 1 O 2 PÁGINAS ADICIONALES** como extra de seguridad, por si con la práctica o la adrenalina del examen puedes escribir más rápido.

¡OJO CON ESTO! Estoy tomando como referencia páginas densas a ordenador con letra de tamaño 11 (unas 30 líneas por página). Lógicamente, cuando escribes a mano, el número de páginas varía mucho según tu letra.

Simulacros

Una media que me parece razonable es redactar **UN TEMA CADA 15 DÍAS.** Si quieres ser más exhaustivo y quedarte más tranquilo, haz **MÁXIMO UN TEMA POR SEMANA.**

Recta final antes del examen: la estrategia

El último repaso de cada uno de los temas que te pueden caer en un examen de desarrollo no debería hacerse con más de 2 o 3 semanas de antelación respecto a la fecha del examen. Si dejas pasar más tiempo, perderás precisión y literalidad, dos aspectos clave en este tipo de examen.

> **Este último repaso debe ser, sin duda, el mejor de todos.**

Además, **CUALQUIER LAGUNA O DUDA** que te surja durante este repaso debes anotarla cuidadosamente. Así, el día antes del examen podrás repasarlas con especial atención y reforzarlas con claridad.

FASE DÍA DEL EXAMEN: CÓMO ENFOCARLO COMO UN BUEN ESTRATEGA

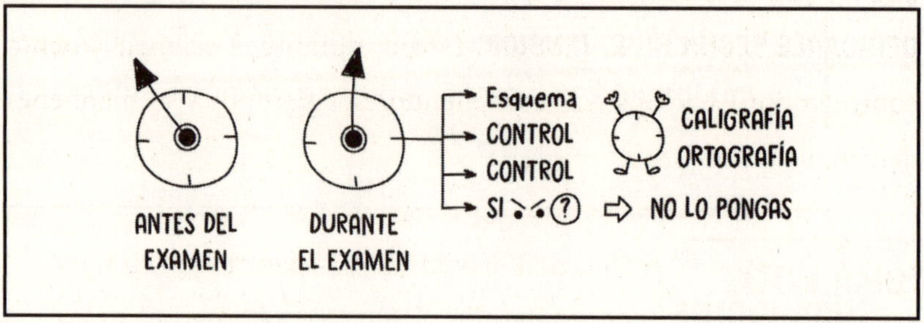

Antes del examen

La modalidad de examen de desarrollo a veces asusta un poco a muchos estudiantes u opositores, pero ya verás que si has seguido todos los pasos que te hemos contado, no es tan fiero el lobo como lo pintan. Te recomiendo que antes de entrar **NO TE CONTAGIES DEL NERVIOSISMO GENERAL** que hay, y si puede ser, te aísles de los demás opositores para concentrarte.

Los primeros minutos del examen: haz un esquema general

En los primeros minutos del examen, dedica entre **2 Y 3 MINUTOS** a realizar un esquema general del tema. Incluye los epígrafes, subepígrafes y los elementos clave de cada apartado. Este esquema te servirá como **GUÍA** durante el desarrollo y, además, te aportará **SEGURIDAD**: si en algún momento los nervios te hacen dudar, siempre podrás apoyarte en lo que has dejado por escrito para retomar el hilo sin perder el orden ni el contenido esencial.

Control de los tiempos

Te recomiendo que, para cada epígrafe del tema, anotes en el **ESQUEMA QUE TE HE COMENTADO EL TIEMPO APROXIMADO QUE DEBERÍAS DEDICARLE SEGÚN SU EXTENSIÓN.** Luego, durante el examen, intenta controlar con el reloj si vas cumpliendo esos tiempos y te mantienes dentro de lo previsto.

¡TOMA NOTA!

Uno de los errores que peor impresión da en un examen de desarrollo **es no haber calculado bien el tiempo y acabar dejando el tema mal cerrado o incompleto.** Justo ese final, que es lo último que el tribunal va a leer, puede dejar un mal sabor de boca y fastidiar toda la valoración global. ¿Sabes qué? Los miembros del tribunal también son personas, como tú y como yo. Por eso, a pesar de que apliquen criterios objetivos, su parte emocional y subjetiva influye más de lo que parece. Si la sensación final no es buena, eso puede jugar claramente en tu contra.

Por eso, aunque en principio el tema esté bien ajustado y no debería haber problema, **si en algún momento ves que vas justo de tiempo, prioriza que el principio y el final queden bien rematados.** Son las dos partes que más pesan, y si hace falta, puedes recortar un poco en la parte central, siempre manteniendo cierta proporcionalidad entre las distintas secciones.

Control de la caligrafía y las faltas de ortografía

Una mala caligrafía, y sobre todo las faltas de ortografía, pueden causar una impresión muy negativa en el miembro del tribunal que te corrija. De hecho, en algunas oposiciones, como las de educación, la ortografía es un criterio decisivo que te puede hacer suspender.

Es fundamental cuidar el contenido del tema, pero no podemos olvidarnos de la forma.

Por eso, tenemos que hacer un esfuerzo por encontrar **EL EQUILIBRIO ENTRE LA RAPIDEZ NECESARIA PARA INCLUIR EL MAYOR NÚMERO POSIBLE DE DATOS SIN OLVIDARNOS DE LA CORRECCIÓN FORMAL.**

Si lo has practicado bien a través de simulacros, no te preocupes, porque comprobarás que no es tan complicado como parece: **SE PUEDE ESCRIBIR RÁPIDO Y BIEN AL MISMO TIEMPO.**

Si dudas en un dato concreto, ¡no lo escribas!

UNA DE LAS VENTAJAS DEL EXAMEN DE DESARROLLO frente al tipo test o a la pregunta corta es que aquí puedes decidir qué partes incluir. Si hay un dato o párrafo que te genera mucha inseguridad y no es absolutamente relevante, créeme, es mejor omitirlo. En estos casos, lo más habitual es que, si dudas, falles, y ese fallo puede tener mayor impacto negativo que el hecho de no haberlo mencionado.

¡NOS VEMOS EN EL SIGUIENTE CAPÍTULO! En él veremos la estrategia completa para abordar **UN EXAMEN DE DESARROLLO ORAL,** probablemente la modalidad más temida de todas, pero que ni mucho menos puede ser imposible si la enfocas de forma estratégica.

19

EXÁMENES DE DESARROLLO ORAL

En este capítulo te contaré mi experiencia con los difíciles exámenes orales. Comenzó en la carrera de Derecho. Allí recuerdo a la perfección gente vomitando de los nervios, completamente fuera de sí solo por el miedo a entrar en la sala de exposición y tener que enfrentarse a este tipo de examen. Pero ¿sabes qué? Si bien es cierto que estos estragos eran generales, a mí no me ocurría lo mismo. Esta modalidad siempre se me dio bien y realizaba los exámenes con toda confianza.

EN LA OPOSICIÓN SABÍA QUE EL EXAMEN ORAL ERA OTRO NIVEL: más exigente, literal, frente al Supremo y con muchísimo más temario, pero, aun así, este tipo de exámenes nunca me frenaron; de hecho, tengo que confesar que los veía casi como una ventaja.

La semana antes del examen reconozco que lo pasé fatal por la ansiedad, pero el mismo día estaba tranquila, con los textos bien fijados y una estrategia clara. Aun con audiencia pública, no me afectó, y en cuanto hice el esquema en los 15 minutos previos, me lancé a hablar una hora entera sin parar, a pesar de que con el TDAH mi cabeza se iba cada dos por tres a cualquier sitio (los calcetines de un miembro del tribunal, qué haré luego…). En fin, esta cabecita mía que no para.

EL RESULTADO NO SE HIZO ESPERAR: el equivalente a un siete en ese primer examen oral, una nota increíble dada la dificultad de la oposición. ¡Hasta miembros del tribunal salieron a felicitarme por el resultado global de mi exposición!

CON MI HISTORIA QUIERO CONCIENCIARTE de que esta modalidad es de las más duras, sí, no lo podemos negar, pero en absoluto es un objetivo imposible si lo enfocas como todo un opositor estratega. ¡Vamos a ello!

FASE DE ESTUDIO: CÓMO MEMORIZAR

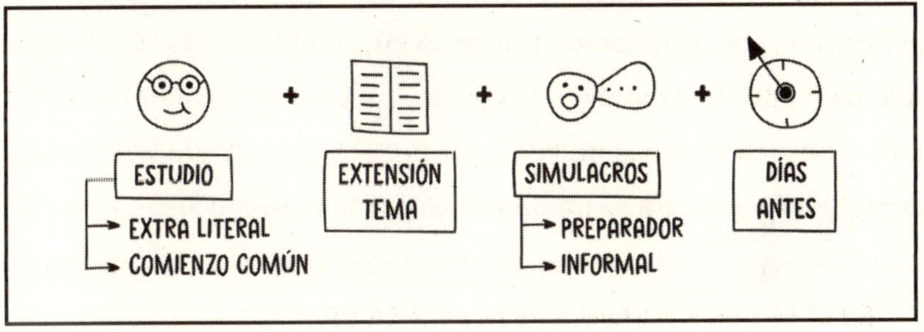

Literalidad exhaustiva: tanto en símbolos como en recitado

En los temas destinados al examen oral, incluso más que en los de desarrollo escrito, **ES FUNDAMENTAL SER EXTREMADAMENTE PRECISOS CON LA LITERALIDAD, TANTO EN EL CONTENIDO COMO EN LA FORMA DE EXPRESARLO.** Por supuesto, esto dependerá del tipo de oposición (no es lo mismo Judicaturas que otras con menor exigencia en el examen oral), pero, en general, esta modalidad requiere un nivel de rigor y exactitud mucho mayor.

LA VOZ DE LA EXPERTA

COMIENZOS DEL TEMA QUE AYUDA

Si el nivel de tu oposición lo permite, hay un truco que puede ayudarte tanto a reducir el temario como a ganar seguridad al exponer: **empezar siempre con la misma introducción** para los temas del mismo bloque.

¿Por qué? Porque esto te permitirá arrancar con una parte que ya tienes completamente dominada, lo que te dará seguridad desde el inicio, justo cuando más cuesta empezar. Además, al ser común a varios temas, necesitarás prepararla solo una vez y podrás reutilizarla muchas veces.

¿Qué extensión puede tener esta introducción común? Entre dos párrafos y media página es lo recomendable. Una página entera puede ser excesiva, pero te confesaré que he conocido opositores que lo han hecho y aprobaron el examen sin problema.

Si no puedes repetir introducciones por bloques temáticos, te aconsejo que al menos lleves muy bien aprendida la parte inicial del tema. Es lo que yo llamo la **«memoria del padrenuestro»: cuando arrancas con algo que te sabes a la perfección, después todo fluye con mayor facilidad.**

La extensión del tema siempre adaptada al tiempo

Igual que en el desarrollo escrito, es esencial que el tema oral esté perfectamente ajustado al tiempo asignado. **CADA PERSONA TIENE SU**

PROPIO RITMO, y además «cantarás» cada vez más rápido a medida que avances en la preparación, así que es clave medirte tú mismo con cronómetro.

COMO REFERENCIA GENERAL, EN EXÁMENES CON UN RITMO MUY EXIGENTE, como Judicaturas, se suele «cantar» a un ritmo de **2 MINUTOS POR PÁGINA.**

- Si dispones de **12,5 MINUTOS** por tema, este tendrá **UNAS 6 CARILLAS DENSAS.**
- Si tienes **15 MINUTOS**, puedes prepararlo para **7 U 8 CARILLAS DENSAS.**

EN OPOSICIONES CON UN RITMO MEDIO, COMO OTRAS JURÍDICAS Y DE CIENCIAS, se calcula que se «canta» a una media de **3 MINUTOS POR PÁGINA.**

- En ese caso, si cuentas con **12,5 MINUTOS** por cada tema, el tema tendría que tener unas **4 CARILLAS DENSAS.**
- Si dispones de **15 MINUTOS,** de unas **5 CARILLAS DENSAS.**

LA VOZ DE LA EXPERTA

No te agobies si al principio no consigues ajustar la extensión del tema a los tiempos estándar que te he comentado. Es completamente normal. En los exámenes orales, con la práctica irás ganando ritmo, soltura y precisión, y poco a poco verás cómo reduces el tiempo de exposición sin perder calidad. La mejora en la exposición oral es un proceso progresivo y una etapa más del camino.

Simulacros

Intenta hacer muchos simulacros de examen. **A DIFERENCIA DEL EXAMEN ESCRITO, EN EL ORAL NECESITAS PRACTICAR MUCHO MÁS.** No basta con saber el contenido, hay que recitarlo con precisión, seguridad y a buen ritmo. Y eso solo se puede conseguir de dos maneras, que no son excluyentes, sino complementarias:

- **CON PREPARADOR:** No hace falta empezar desde el primer día. Puedes esperar a tener más soltura. **PUEDES IR CADA SEMANA O CADA DOS SEMANAS.**
- **POR TU CUENTA:** Desde el principio, **PRACTICA EL «CANTE» A DIARIO,** ya sea con alguien —un familiar o amigo al que le indiques que te tiene que evaluar con absoluta literalidad— o tú solo, grabándote o ensayando frente al espejo, ya que posiblemente nadie te vaya a evaluar con más exigencia que tú mismo.

Recta final antes del examen: la estrategia

NO DEJES PASAR, DE FORMA GENERAL, MÁS DE 10 DÍAS ENTRE EL REPASO FINAL Y EL EXAMEN (MÁXIMO 15 DÍAS) y en el caso de oposiciones con temarios extra extensos (como Judicaturas), no quedará otro remedio que ampliar este plazo, eso sí, a un **MÁXIMO DE 20 DÍAS.** Este repaso debe ser el mejor: **VE A FONDO, AJUSTA VELOCIDAD Y PULE DETALLES.** En los días inmediatos antes del examen **TE RECOMIENDO QUE REVISES LAS LAGUNAS** que tengas apuntadas y que **REFUERCES ESTRUCTURAS** si hace falta.

FASE DÍA DEL EXAMEN: CÓMO ENFOCARLO PARA DARLO TODO

Código de vestimenta

En este caso, **EL CÓDIGO DE VESTIMENTA INFLUYE,** a diferencia del examen escrito. Viste de forma formal, sobria y discreta. No hay una regla fija, pero **LA PRIMERA IMPRESIÓN CUENTA.**

Momentos antes del examen

Sobre todo, aléjate de compañeros nerviosos momentos antes de comenzar el examen y no te obsesiones con cuántos han aprobado ese día. Como siempre decimos en las oposiciones de esta dificultad, en estos exámenes **COMPITES CONTRA TI MISMO.**

Durante la exposición

Vas a encontrarte con diversas casuísticas que me gustaría que tuvieras en cuenta para que tu examen vaya de diez.

- **SI LA AUDIENCIA ES PÚBLICA,** céntrate solo en el Tribunal, sé que puede parecer intimidante que haya público escuchando, pero tendrás que obviarlos por completo.
- **RESPECTO AL TRIBUNAL,** mira a los miembros de forma alterna o, si eso te distrae, fija la vista en un punto neutro. **BAJO NINGÚN**

CONCEPTO BAJES LA MIRADA NUNCA y habla claro, con una vocalización clara, pero con un ritmo ágil.

Es fundamental transmitir seguridad en tu forma de hablar: importa tanto lo que dices como cómo lo dices.

- **ESQUEMA INICIAL.** En esta modalidad de examen suelen dejar unos minutos para que realices un esquema que te facilite la exposición; este puede ser **MENTAL,** repasando todo antes de comenzar la exposición (es como yo lo hice), o **ESCRITO,** consignando los puntos conectores esenciales en un folio por si en algún momento pierdes el hilo por los nervios.
- **EL CONTROL DE LOS TIEMPOS CON CRONÓMETRO** va a ser esencial para que todos los temas queden equilibrados en duración. Piensa que, en algunas oposiciones, pasarte de tiempo de exposición puede suponer el suspenso. Si ves que vas justo, acelera sutilmente, y si te sobra tiempo habla más pausado y de forma controlada.

La clave es que todos tus temas queden equilibrados en cuestión de tiempo para que la exposición conjunta dé una sensación armónica.

Por encima de todo, **SI DUDAS, ¡NO IMPROVISES! ES MEJOR OMITIR ALGO QUE COMETER UN ERROR EVIDENTE;** esto podría llevarte de forma irremediable al suspenso seguro.

EL EXAMEN ORAL ES DURO, NO TE LO VOY A NEGAR. Pero si sigues una estrategia muy definida correctamente adaptada a esta modalidad, los resultados positivos no tardarán en llegar.

¡NOS VEMOS EN EL SIGUIENTE CAPÍTULO! En él veremos, como broche final, cómo es el **SISTEMA DE OPOSICIONES ESPAÑOL,** las cuestiones clave para elegir bien una oposición y nuestras recomendaciones más personales. En definitiva, todo aquello que nos hubiera encantado saber como opositoras cuando nos embarcamos en este proceso.

20

EL SISTEMA ESPAÑOL DE OPOSICIONES: GUÍA PARA ELEGIRLAS Y AFRONTARLAS

Si has leído este libro, es probable que te encuentres en alguno de estos dos casos:

a) Te planteas opositar para garantizarte un futuro laboral más seguro.

b) Estás inmerso en el mundo de las oposiciones.

Si no sabes qué oposición escoger, **ESTE CAPÍTULO TE VA A SERVIR PARA ENTENDER BIEN CÓMO FUNCIONA EL MUNDO DE LAS OPOSICIONES,** ya que es normal sentirse perdido al principio. **SI, POR OTRO LADO, YA HAS ELEGIDO TU OPOSICIÓN,** te recomiendo que lo leas igualmente. Puede que encuentres información valiosa que te haga replantear si esa opción es realmente la más adecuada para ti.

En definitiva, hemos incluido este capítulo final de cierre, porque reúne **TODA LA INFORMACIÓN QUE NOS HABRÍA ENCANTADO TENER CUANDO EMPEZAMOS A OPOSITAR PARA TOMAR LA DECISIÓN CORRECTA.**

¿QUÉ ES UNA OPOSICIÓN?

Una oposición, en el sistema español, se define como un proceso de selección, con previa convocatoria pública, compuesto por una o varias pruebas selectivas de carácter teórico o práctico (incluida en algunas de ellas una prueba de idiomas), con el objetivo de cubrir un puesto de empleo público de forma permanente y estable en la Administración Pública.

FASES DEL PROCESO DE OPOSICIÓN

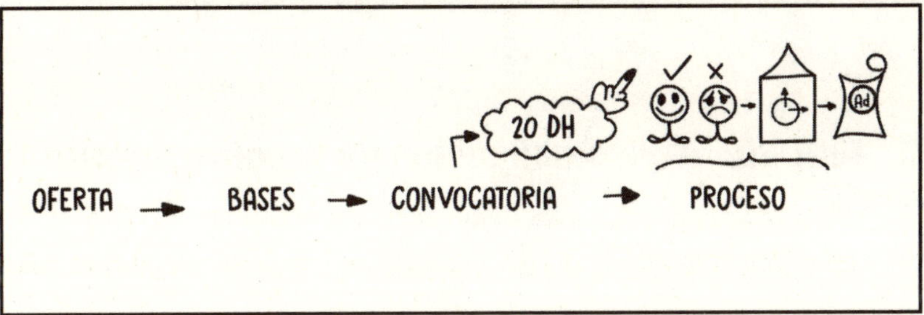

De forma general resumiré cuáles son las fases de una oposición desde que se ofertan las plazas hasta el final del proceso.

PRIMERA FASE: Publicación de la Oferta de Empleo Público

Las administraciones, ya sea la Administración General del Estado, las de las Comunidades Autónomas o la Administración local o cualquier otra, publican las plazas disponibles. Este es un requisito para la posterior publicación de la convocatoria.

SEGUNDA FASE: Publicación de las bases

En estas bases se especifica cómo serán las pruebas: de cuántos exámenes consta el proceso, cómo serán los exámenes, los criterios de evaluación y otros requisitosa a tener en cuenta. Considerar detenidamente las bases de un proceso selectivo es clave para determinar si la oposición se ajusta a ti.

Por ejemplo, si te dan pánico los exámenes orales o si no quieres procesos selectivos muy largos compuestos por muchos exámenes y ves que las bases de la oposición que quieres hacer cumplen estas características, es el momento de valorar si estás dispuesto a afrontarla o no.

TERCERA FASE: Publicación de la convocatoria

Siempre se realiza a través de un anuncio oficial en el Boletín Oficial del Estado (BOE), y se puede acceder a través de la página oficial para conocer todos los pormenores de la convocatoria. Con esta convocatoria, comienza el plazo para que presentes la solicitud, que suele ser de 20 días hábiles.

CUARTA FASE: ¡Comienza el proceso!

El proceso selectivo de una oposición está compuesto por las siguientes subfases:

- **PUBLICACIÓN DE LA LISTA DE ADMITIDOS Y EXCLUIDOS.** Comprueba bien que estás incluido en esta lista por si tienes que subsanar algún error administrativo.

- **PUBLICACIÓN DE FECHA Y LUGAR DE EXÁMENES.**

- **REALIZACIÓN DE LAS PRUEBAS EN LA FECHA Y LUGAR INDICADOS.**

- **PUBLICACIÓN DEL LISTADO DE PERSONAS QUE HAN SUPERADO LAS PRUEBAS:**
    - Si tienes **VARIOS EXÁMENES:** publicación del listado de aspirantes que han aprobado el primer examen, y sucesivas fechas de exámenes.
    - Si solamente hay **UN ÚNICO EJERCICIO:** publicación definitiva del listado de las personas que han superado la oposición.

¡OJO CON ESTO!

- En el caso de **concurso-oposición,** habría que añadir la fase de cohoras y horasencurso, donde tendrías que presentar la documentación acreditativa de tus méritos.

- En algunos casos también se puede sumar un paso adicional, que es el de pasar por un curso selectivo (por ejemplo, la famosa Escuela Judicial) y, posteriormente, podría haber un proceso de prácticas antes de que lleguen a adjudicarte tu destino definitivo.

Podríamos seguir ahondando en tipos de oposiciones y otras cuestiones relacionadas, porque el mundo de las oposiciones es un universo por descubrir, pero creo que estarás deseando ir a lo que verdaderamente importa.

CUESTIONES CLAVE A TENER EN CUENTA PARA ELEGIR OPOSICIÓN

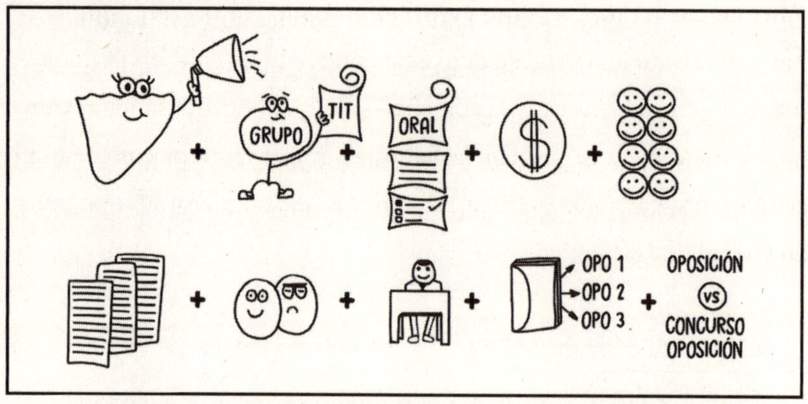

1. PRIMERA CUESTIÓN CLAVE: Quién convoca

Las oposiciones pueden ser convocadas por las siguientes administraciones:

- La Administración del Estado.
- La Administración Autonómica.
- La Administración Local (Ayuntamientos, Diputaciones y otras entidades locales).

Estas suelen ser las más importantes, aunque también existen por ejemplo las de las universidades, las de la Unión Europea y las oposiciones de puestos en el exterior de organismos nacionales.

¿POR QUÉ ES IMPORTANTE SABER QUIÉN CONVOCA?

Porque el destino al que te asignen dependerá directamente del ámbito convocante. Muchas personas, por motivos personales o familiares (como tener hijos), no pueden trasladarse lejos de su lugar de residencia. Si este es tu caso, puede que una oposición de ámbito estatal no sea la más conveniente, ya que el primer destino podría estar en cualquier parte del territorio español. Sin embargo, es importante tener en cuenta que el primer destino no tiene por qué ser definitivo. Las administraciones suelen convocar concursos de traslado periódicamente —en algunos casos, cada año—, lo que permite solicitar cambios y acercarte a tu residencia habitual. Eso sí, en esos concursos el criterio más valorado suele ser la antigüedad, un factor clave a tener en cuenta desde el inicio.

¿QUÉ DEBES VALORAR TÚ?

Tendrás que sopesar tus circunstancias personales y tus objetivos profesionales. Si decides descartar oposiciones estatales para evitar destinos lejanos, considera los siguientes puntos:

- **PROS:** Optas a plazas cerca de tu lugar de residencia.
- **CONTRAS:** Renuncias a las convocatorias más numerosas. Las oposiciones de ámbito estatal suelen ofrecer un número mucho mayor de plazas que las comunidades autónomas o entidades locales, algo relevante si consideras la movilidad posterior a través de traslados.

2. SEGUNDA CUESTIÓN CLAVE: Grupo y titulación exigida

Las oposiciones se clasifican según diferentes grupos y subgrupos, que te expongo a continuación:

GRUPO A

- **A1:** Opositores con título académico de Grado, Licenciatura, Arquitecto o Ingeniero.
- **A2:** Opositores con título académico de Grado, Diplomatura, Arquitecto Técnico o Ingeniero Técnico.

GRUPO B

En este grupo se exige título de Técnico Superior de FP.

GRUPO C

- **C1:** Se exige título de Bachillerato o Técnico de FP o equivalente.
- **C2:** Se exige título de ESO o equivalente.

GRUPO E

En este grupo **NO SE EXIGE NINGÚN TÍTULO** (oposiciones de celadores, personal subalterno y otras funciones de apoyo).

¡TOMA NOTA!

- **Muchos opositores tienen títulos que los habilitan para opositar al subgrupo A1, pero deciden de forma estratégica presentarse al subgrupo A2 o incluso al grupo C.** La razón de ello es que estos grupos suelen ofrecer más plazas y, en muchos casos, un temario más reducido. Además, una vez dentro, puedes acceder a la promoción interna, lo que permite ascender con menos exigencia. Tenlo en cuenta.

- **Hay oposiciones que exigen una titulación específica** —por ejemplo, para Judicaturas es imprescindible tener el título de Derecho—, **pero en muchas otras basta con cumplir los requisitos generales de titulación según el grupo o subgrupo.** Esto es independiente de si tu carrera tiene relación directa con el contenido de la oposición, lo cual puede resultar sorprendente: por ejemplo, puedes opositar a Inspector de Trabajo siendo licenciado en Filología Hispánica.

3. TERCERA CUESTIÓN CLAVE: Tipos de exámenes

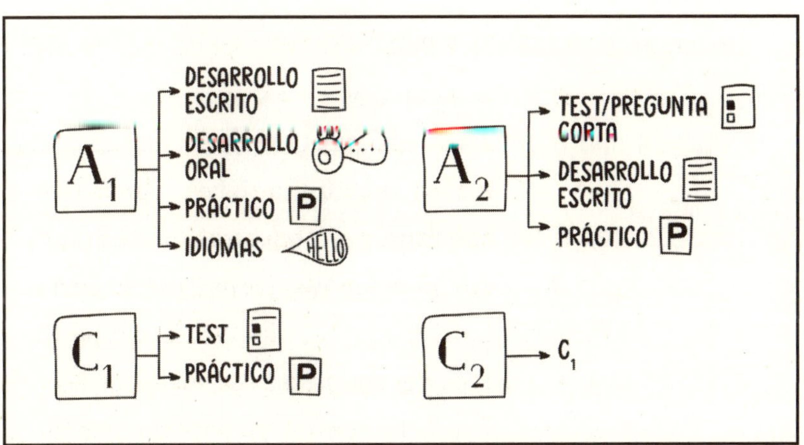

OPOSICIONES A1

Suelen constar de varias pruebas que, por lo general —aunque varían según el tipo de oposición, como jurídicas o educativas—, suelen ser las siguientes:

- **PRUEBA ESCRITA DE DESARROLLO:** Suele consistir en redactar uno o varios temas seleccionados al azar. En oposiciones jurídicas no se suele permitir descartar temas, mientras que en las educativas suele haber opción de descartar lo que comúnmente se conoce como «bolas».
- **EXAMEN ORAL:** Es uno de los más temidos. Consiste en exponer 4 o 5 temas elegidos al azar —con o sin opción de descartar alguno—, desarrollándolos en aproximadamente 1 hora (unos 12,5 o 15 minutos por tema).
- **PRUEBA PRÁCTICA:** Puede ser exclusivamente práctica o tener una parte teórico-práctica, según la oposición.
- **PRUEBA DE IDIOMA:** No está presente en todas las oposiciones del grupo A1, pero sí en muchas; suele ser considerada la prueba más asequible del proceso.

OPOSICIONES A2

Suelen constar de los siguientes ejercicios o partes:

- **EXAMEN TIPO TEST O DE PREGUNTAS CORTAS:** Se prefiere el tipo test, ya que las preguntas cortas suelen ser complejas.
- **PRUEBA ESCRITA DE DESARROLLO:** Puede consistir en redactar 2 temas elegidos al azar en un plazo de 3 a 4 horas, o en desarrollar 10 epígrafes seleccionados del temario.
- **EXAMEN PRÁCTICO O TEÓRICO PRÁCTICO,** según la naturaleza del cuerpo convocante.

¡OJO CON ESTO! Actualmente hay oposiciones A2, como la famosa GACE (Gestión de la Administración Civil del Estado), que pasaron de tener todos estos exámenes a tener un ejercicio test y otro práctico en un mismo día. Esto, sumado al número de plazas ofertadas, la convierte en una opción muy atractiva.

OPOSICIONES C1

Suelen constar de los siguientes ejercicios o partes:

- **EXAMEN TIPO TEST** con respuestas alternativas, donde generalmente se resta puntuación por las respuestas erróneas.
- **SUPUESTO PRÁCTICO.**
- **EN OCASIONES,** se incluye una parte o ejercicio sobre **OFIMÁTICA.**

OPOSICIONES C2

Generalmente (por supuesto, siempre hay que atender a la casuística concreta), las oposiciones del subgrupo C2 son similares a las del C1, pero con menos temario.

A LA HORA DE ELEGIR, DEBERÁS VALORAR QUÉ OPOSICIÓN ENCAJA MEJOR CONTIGO SEGÚN TUS PREFERENCIAS Y CIRCUNSTANCIAS. Hay personas que evitarían un examen oral a toda costa, mientras que a otras no les supone un problema. Algunos prefieren un proceso corto, concentrado en un solo día, y después ya pensarán en promocionar (como ocurre en C1 y C2); otros, en cambio, no tienen inconveniente en enfrentarse desde el principio a un proceso más largo. Lo importante es que evalúes bien qué tipo de oposición se adapta mejor a ti.

4. CUARTA CUESTIÓN CLAVE: El sueldo según el grupo

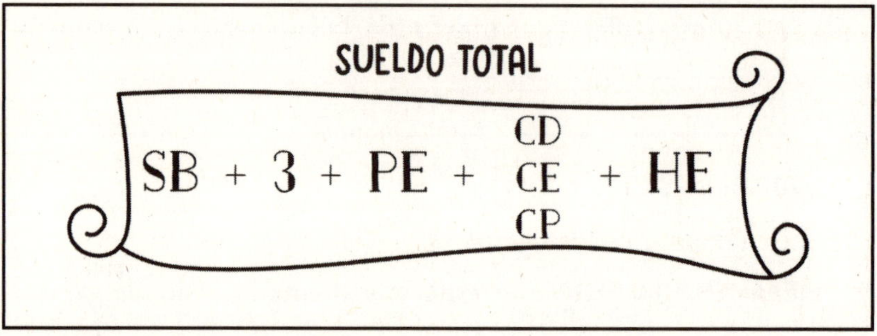

Este punto es más difícil de acotar, pues depende de bastantes variables, ya que el sueldo de un funcionario se compone de varias partes:

- **SUELDO BASE:** Es el salario común para todos los funcionarios de un mismo grupo o subgrupo, dependiendo de tu categoría.
- **TRIENIOS:** Son «recompensas» por cada 3 años de antigüedad, premiando tu permanencia en la Administración.
- **PAGAS EXTRA:** Dos al año, en junio y diciembre.
- **COMPLEMENTO DE DESTINO:** Varía según el grupo (A1, A2, C1, C2…) y el nivel dentro de ese grupo (que puede ir del 1 a 30). Por ejemplo, los auxiliares administrativos (C2) tienen un nivel que varía entre el 14 y el 18, y su complemento de destino también será distinto según el nivel.
- **COMPLEMENTO ESPECÍFICO:** Retribuye las características especiales del puesto, como peligrosidad, penosidad o dificultad.

- **COMPLEMENTO DE PRODUCTIVIDAD:** Retribuye el rendimiento.
- **HORAS EXTRAORDINARIAS:** Se remuneran aparte según las horas trabajadas fuera del horario regular.

5. QUINTA CUESTIÓN CLAVE: Número de plazas y estabilidad en la oferta

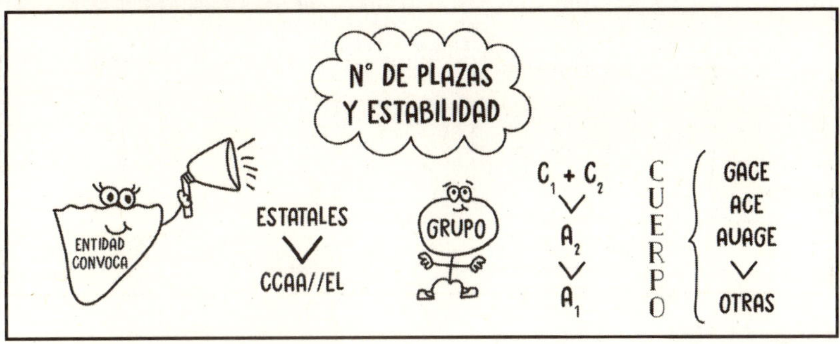

EL NÚMERO DE PLAZAS ES UN FACTOR IMPORTANTE, PERO NO LO ES TODO. En el mundo de las oposiciones hay un dicho: «En las oposiciones compites contra ti mismo». Es decir, si dominas el temario y llevas todo bien trabajado, la plaza puede ser tuya, independientemente de cuántas se oferten.

Ahora bien, es cierto que algunas oposiciones suelen ofrecer más plazas que otras. Por ejemplo:

- **SEGÚN QUIÉN CONVOCA:** Las oposiciones estatales suelen ofrecer más plazas que las autonómicas o locales.
- **SEGÚN EL GRUPO:** Las del grupo C suelen ofertar más que las del subgrupo A2, y estas últimas más que las del subgrupo A1.
- **SEGÚN EL CUERPO:** Cuerpos como AGE (Administrativo General del Estado) o GACE (Gestión de la Administración Civil

del Estado) suelen tener ofertas más amplias que otros como los vinculados a la Seguridad Social (por ejemplo, Gestión o Administrativo de la Seguridad Social).

Tan relevante como el número de plazas es **LA ESTABILIDAD DE LA OFERTA.** Es decir, si esas oposiciones se convocan con regularidad o solo aparecen de forma esporádica. Las estatales, por lo general, tienen una oferta más estable que las autonómicas o locales. Pero incluso dentro de las estatales, algunas tienen una oferta de plazas más estable que otras.

UN EJEMPLO...

En estos últimos años, los cuerpos de la Administración General del Estado (GACE y AGE) se han estado convocando anualmente. Por el contrario, el cuerpo de Administrativos de la Seguridad Social estuvo décadas sin convocarse; de hecho, llevaba más de 30 años sin hacerlo hasta que en noviembre de 2023 se publicó la convocatoria de 2024.

6. SEXTA CUESTIÓN CLAVE: Número de carillas

En relación con esta cuestión, es importante destacar:

• No es lo mismo el número **DE TEMAS** que el número **DE PÁGINAS O CARILLAS, COMO HEMOS COMENTADO EN CAPÍTULOS ANTERIORES.**

• Es muy importante que elijas un **BUEN TEMARIO ACOTADO,** porque hay muchas diferencias al respecto dentro de una misma oposición. Si el temario está elaborado por una academia, editorial o preparador, la diferencia puede llegar a ser de más de 1.000 páginas en la misma oposición.

Centrándonos en la primera cuestión, **LA DIFERENCIA ENTRE EL NÚMERO DE PÁGINAS Y EL NÚMERO DE TEMAS SUELE GENERAR CONFUSIÓN** entre los opositores al elegir una oposición. Por eso, quiero que lo tengas muy claro desde el principio.

***A PRIORI* PARECE FÁCIL:** las oposiciones del grupo A tienen más temas que las del grupo C. Pero en lo que se refiere a las carillas o páginas, aunque también suele haber cierta vinculación, la cosa puede cambiar, y mucho.

UN EJEMPLO...

La oposición a administrativo del Estado, que es **C1** son **45 temas**, pero suele oscilar entre las **1.000 páginas en el total**, puesto que muchos temas son extensos (50 páginas o más) por la importancia de la materia.

Sin embargo, las oposiciones al **Cuerpo de Profesores de Secundaria**, que pertenecen al subgrupo **A1**, tienen en torno a los **70 temas**, aunque no es recomendable que tenga una extensión mayor de **10-12 carillas por tema**. El examen teórico consiste en desarrollar dos temas, y el tiempo asignado apenas da margen para escribir más que esa extensión, por lo que no se exige mayor cantidad. Además, como te dan la posibilidad de elegir «bola», de forma estratégica no se suelen llevar todos los temas estudiados, sino, por ejemplo, **30** o **50 temas (unas 300-500 páginas)**, con los cuales ya tendrías más del 90 por ciento de posibilidades de que te caiga un tema de los estudiados.

Por lo que puedes ver, comparativamente, una oposición C1 puede tener más temario al final que una A1 (sin perjuicio, por supuesto, que pueda tener dificultades añadidas más allá del número de carillas).

Por otra parte, dentro del mismo grupo o subgrupo, no todas tienen las mismas páginas:

- **C1:** Los exámenes de Ayudante de IIPP suelen tener un poco más de temario que las de AGE
- **A2:** La de Subinspector de Empleo tiene más páginas que la de GACE y Gestión de SS.
- **A1:** la de Judicaturas tiene más páginas que la de Técnico de la SS y que otras muchas A1.

7. SÉPTIMA CUESTIÓN CLAVE: Dificultad y preferencia por una materia concreta

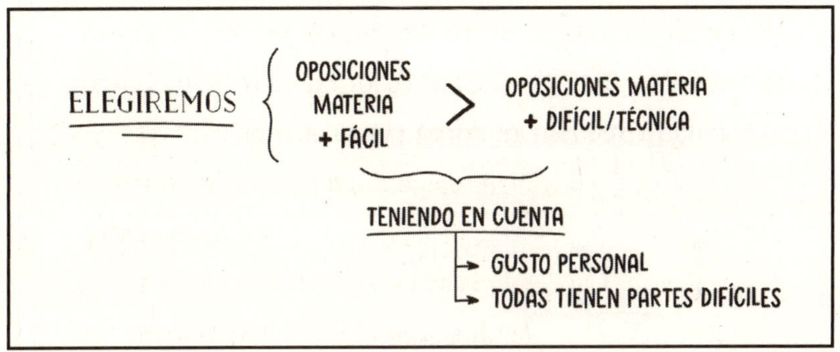

Aunque pueda parecer obvio, **NO TODA LA DIFICULTAD RESIDE EN EL NÚMERO DE PÁGINAS** que tenga el temario de oposición. Si bien varias oposiciones comparten temario, algunas pueden resultar más difíciles que otras según la materia en la que se enfoquen o tus propios gustos.

Dado que las oposiciones de educación o ciencias suelen ser más específicas y ligadas a la carrera estudiada (como Educación Infantil), aquí me centraré en las de contenido jurídico, por ser más generales y accesibles para un público más amplio.

COMO NORMA GENERAL, las oposiciones más técnicas, como las relativas a la Hacienda Pública y la Seguridad Social, suelen incluir legislación que resulta más complicada que las de la Administración General o la Administración de Justicia (pero ¡ojo!: reitero, que es muy subjetivo).

También debes tener en cuenta que, dentro de cualquier oposición, siempre habrá alguna parte del temario —normalmente alguna ley— que se te haga especialmente pesada. Por ejemplo, en las oposiciones de AGE o GACE, la Ley de Contratos del Sector Público es especialmente temida.

8. OCTAVA CUESTIÓN CLAVE: Preferencia según las características del puesto de trabajo

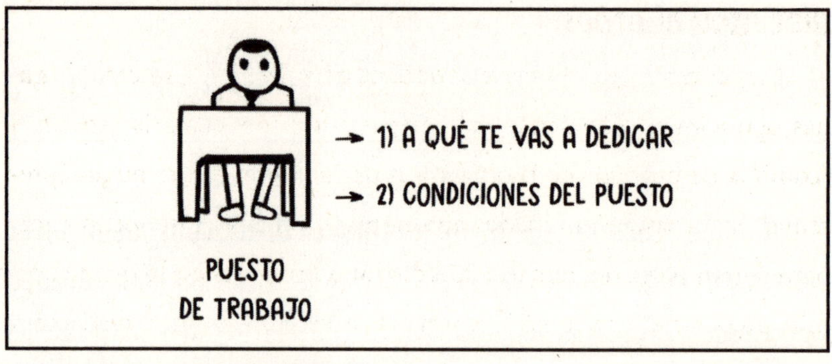

A QUÉ TE VAS A DEDICAR

Aunque de nuevo pueda resultar obvio, te sorprendería la cantidad de personas que opositan sin tener en cuenta el puesto y las funciones que deberán desarrollar cuando aprueben la oposición. Una alumna muy querida descubrió que la materia que más odiaba estudiar —las Prestaciones de la Seguridad Social—, paradójicamente, trataba sobre su futuro campo de trabajo.

CONDICIONES CONCRETAS DEL PUESTO

Por otra parte, hay determinados cuerpos de funcionarios que desempeñan sus funciones con **UNAS CONDICIONES LABORALES MUY ESPECÍFICAS.** Por ejemplo, los inspectores de trabajo tienen más autonomía que otros cuerpos, con solo un día en la oficina dedicado a comparecencias generalmente, y flexibilidad en el resto. Por eso, debes informarte bien de las funciones reales y condiciones del puesto antes de opositar.

9. NOVENA CUESTIÓN CLAVE: Poder presentarte con el mismo temario a diferentes oposiciones de distintos cuerpos

Esta característica es clave si quieres maximizar tu esfuerzo. Algunas oposiciones solo tienen validez para una convocatoria específica (como la de profesor de Biología, sin perjuicio de que te puedas presentar en varias comunidades autónomas), mientras que otras comparten gran parte del temario con distintas oposiciones, lo que te permite prepararte para varias al mismo tiempo. Por eso, antes de decidir, infórmate bien si ese temario te permite optar a varias oposiciones y así aprovechar mejor tu esfuerzo

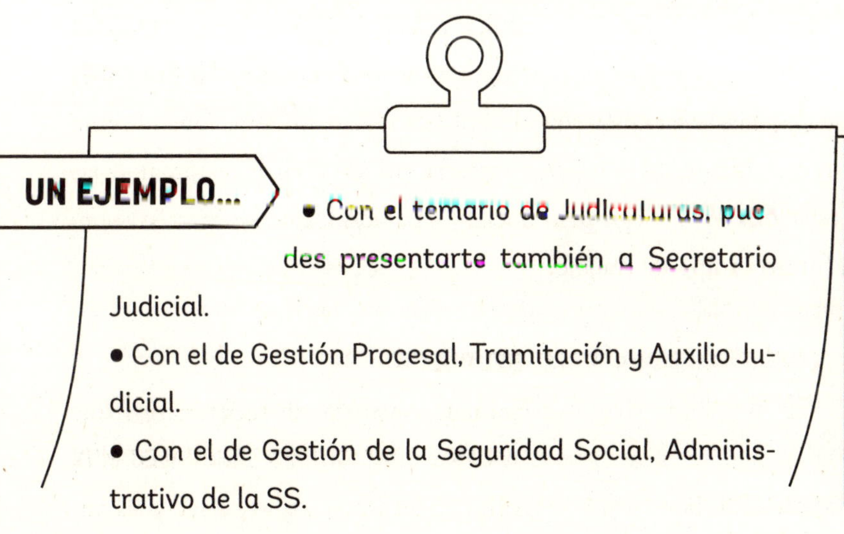

• Con el de GACE, a otras oposiciones C1 y C2 de la AGE, e incluso las análogas autonómicas y de las administraciones locales.

10. DÉCIMA CUESTIÓN CLAVE: Tipo de procedimiento selectivo

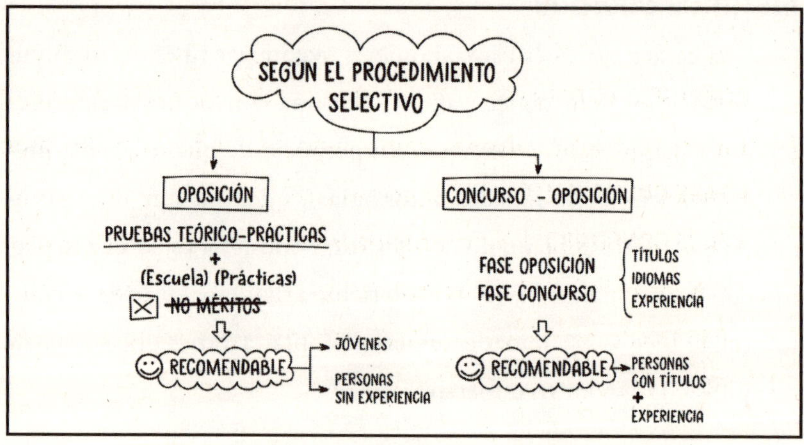

Hay varias distinciones entre los tipos de procedimientos selectivos que te puedes encontrar:

OPOSICIÓN

Son las más conocidas; solo te presentas a las pruebas teóricas o prácticas, y las notas obtenidas en ellas son las que determinarán si apruebas. En algunos casos, como en Judicaturas o la Inspección de Trabajo, también influirá la nota del curso selectivo posterior. No se tienen en cuenta méritos adicionales como experiencia, titulación extra o habilidades.

¿A QUIÉN LA RECOMIENDO?

En general, son las más comunes y accesibles, especialmente para quienes no tienen experiencia laboral en el sector privado ni titulación adicional a la requerida para la oposición, como los jóvenes, ya que les permite demostrar su valía sin necesidad de experiencia previa.

CONCURSO-OPOSICIÓN

En este tipo de oposiciones, como su nombre indica, hay dos fases:

- **FASE OPOSICIÓN:** Como ya hemos visto.
- **FASE CONCURSO:** Una vez superada la fase de oposición, se valoran los méritos como experiencia previa, titulación adicional y habilidades, que deberás acreditar documentalmente. Por ejemplo, las oposiciones de educación son de este tipo.

¿A QUIÉN LA RECOMIENDO?

Depende de tu situación, ya que pueden jugar a tu favor o en tu contra. Si tienes experiencia y formación adicional, te beneficiará, ya que, aunque no saques la mejor nota en la oposición, los méritos pueden asegurarte la plaza. Sin embargo, si no tienes muchos méritos, necesitarás obtener altas calificaciones en la fase de oposición para tener opciones de conseguir plaza.

CONCURSO

En este proceso solo se tienen en cuenta los méritos. No ahondaré más porque no es muy relevante.

¡HEMOS FINALIZADO EL ANÁLISIS!

Ahora que hemos recorrido todas las cuestiones importantes que debes tener en cuenta, tienes mucho más claro cuáles son las oposiciones que más te convienen.

Sin embargo, en ocasiones la decisión final sobre qué oposición elegir puede ser un tanto subjetiva (dependerá del peso subjetivo que le des a cada cuestión: lugar de destino, sueldo, etc.).

¿QUÉ OPOSICIONES RECOMIENDO DESDE MI EXPERIENCIA?

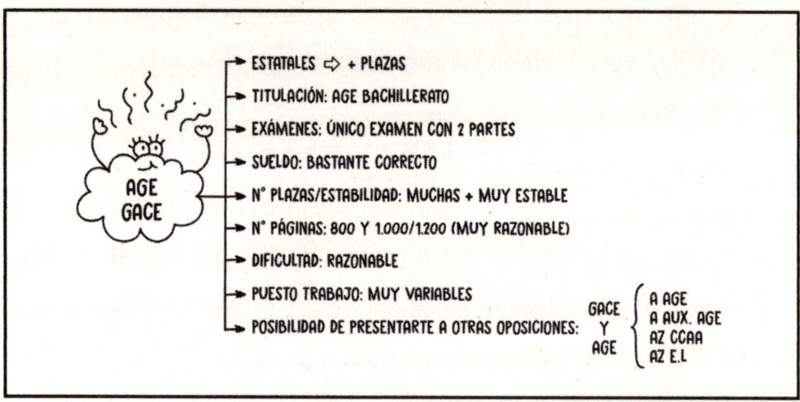

Las oposiciones de AGE y GACE, ambas pertenecientes a la Administración General del Estado, son muy recomendables. Si tu titulación te lo permite, te sugiero especialmente GACE, ya que reúnen muchas características de las que he expuesto anteriormente:

- **RESPECTO AL ÁMBITO:** Son estatales y, por tanto, hay más plazas ofertadas.
- **RESPECTO A LOS EXÁMENES:** En ambas los exámenes se realizan en un mismo día, a diferencia de otras oposiciones cuyo proceso selectivo puede alargarse mucho tiempo. En este sentido, destaca el caso de GACE A2, que anteriormente tenía un proceso selectivo más complejo, lo que la hace muy atractiva, especialmente comparándola con otras oposiciones del mismo subgrupo.
- **EL SUELDO:** Es bastante correcto, aunque dependerá del puesto de trabajo que desempeñes finalmente.
- **RESPECTO AL NÚMERO DE PLAZAS OFERTADAS Y ESTABILIDAD EN LA OFERTA:** Es de las oposiciones más destacadas. Suelen convocarse un gran número de plazas en ambas y, a diferencia de otras, son oposiciones que desde hace tiempo son muy estables en cuanto a la oferta de plazas.
- **NÚMERO DE PÁGINAS A ESTUDIAR:** Suelen oscilar entre **800** y **1.200 PÁGINAS,** respectivamente (¡ojo!, en temarios acotados), lo cual es bastante razonable y menor que en otras oposiciones, tanto del grupo C como del grupo A.
- **DIFICULTAD DE LA MATERIA Y LEGISLACIÓN:** Aunque esto es subjetivo, las leyes y materias que entran en estas oposiciones son «asumibles» de forma general (quitando la temida Ley de Contratos del Sector Público).
- **CARACTERÍSTICAS DEL PUESTO DE TRABAJO:** GACE se caracteriza por la variedad de puestos de trabajo que puedes desempeñar, por lo que también puede ser considerada como una ventaja a destacar.

- **POSIBILIDAD DE PRESENTARTE CON EL MISMO TEMARIO A VARIAS OPOSICIONES DE DISTINTOS CUERPOS:** Como ya te he comentado, esta característica es clave si quieres maximizar tu esfuerzo, y en este sentido GACE es la que destaca con diferencia.
- **PROCESO SELECTIVO DE OPOSICIÓN,** sin necesidad de tener experiencia laboral previa ni un sinfín de títulos académicos.

Con estas recomendaciones, estamos seguras de que tomarás la mejor decisión posible para tu futuro a la hora de elegir oposición, desde una perspectiva totalmente informada.

EPÍLOGO

Si has llegado hasta aquí, no te quepa duda: **CREEMOS QUE TIENES DENTRO DE TI LA FUERZA Y DETERMINACIÓN NECESARIAS PARA LLEGAR HASTA EL FINAL DE LA OPOSICIÓN.**

Puede que a veces no la veas. Puede que tengas días en los que esa fuerza se esconda tras la niebla del cansancio, la frustración o el miedo. Pero está, y créenos, sigue viva. Y este libro es la prueba de que estás buscándola y que estás en la senda adecuada. **SOLO QUIEN TIENE DENTRO UNA CHISPA REAL DE COMPROMISO LLEGA HASTA LA ÚLTIMA PÁGINA.**

En estas páginas hemos hablado, sobre todo, de técnicas, pero siempre hemos querido hacerlo desde nuestra parte más personal y humana. Hemos deseado proporcionarte lo más valioso de lo que hemos aprendido desde nuestra infancia (no solo en teoría, sino en carne propia y junto a miles de opositores como tú) para ayudarte a estudiar mejor, recordar más y construir un camino eficaz hacia tu meta.

Sabemos que habrá parones. Que te sentirás bloqueado, incluso roto. Lo hemos vivido. Lo hemos visto una y otra vez en personas que han aprobado. Pero ¿sabes qué? Salvo en casos excepcionales, todos los obstáculos que encuentres pueden superarse si aplicas las estrategias de memoria, planificación y gestión emocional adecuadas.

No nos cansaremos de repetirlo: **NO CONOCEMOS A NADIE QUE HAYA APROBADO UNA OPOSICIÓN Y LO HAYA HECHO SIN PEQUEÑAS HERIDAS.** Todos hemos tenido bajones, dudas, caídas, replanteamientos, ganas de abandonarlo y no seguir más. Pero también nos hemos levantado y hemos seguido por el camino hacia el objetivo que sabemos que podemos alcanzar. Así que, cuando se te pase por la cabeza que no puedes más, no te preguntes si estás fallando. Pregúntate qué estás aprendiendo y lo valioso de la meta que te espera al final del camino.

Un último consejo: si tienes uno o varios tropiezos, no los tomes como tiempo perdido; realmente son experiencia ganada. Estás comprando un aprendizaje a plazos. Y el conocimiento que se adquiere así, con lucha, con determinación y con un verdadero esfuerzo, confía en nosotras: no se olvida, se graba.

CONFÍA EN TI, INCLUSO CUANDO NO SEPAS CÓMO. Porque, te reiteramos, si has llegado hasta aquí, ya has demostrado que lo tuyo es luchar por lo que quieres. Y te aseguramos que los que no se rinden, perseveran, aprenden del camino recorrido y, finalmente, llegan.

Nos vemos al otro lado del esfuerzo. Nosotras ya te estamos aplaudiendo desde ahí.

Con toda nuestra admiración,

Paula y Sara

Este libro se terminó de imprimir
en el mes de septiembre de 2025.